장자가 들려주는
달인 이야기

장자가 들려주는
달인 이야기

ⓒ 박소정, 2007

초판 1쇄 발행일 2007년 11월 23일
초판 11쇄 발행일 2024년 3월 1일

지은이   박소정
펴낸이   정은영
펴낸곳   (주)자음과모음

출판등록   2001년 11월 28일 제2001-000259호
주소   10881 경기도 파주시 회동길 325-20
전화   편집부 (02)324-2347 경영지원부 (02)325-6047
팩스   편집부 (02)324-2348 경영지원부 (02)2648-1311
e-mail   jamoteen@jamobook.com

ISBN 978-89-544-1977-2 (64100)

장자가 들려주는
달인 이야기

박소정 지음

㈜자음과모음

　저로서는 두 번째 어린이 책을 세상에 내놓게 되었습니다. 《노자가 들려주는 도 이야기》 때도 그랬지만 《장자가 들려주는 달인 이야기》 역시 어린이들이 이해하기에는 무척 어려운 내용을 담고 있어서 어떻게 시작하면 좋을지 고민이 많았습니다.

　《장자》는 하고 싶은 이야기를 곧장 질러 이야기하는 대신 다른 사물이나 사건에 빗대어 이야기하거나, 다른 사람의 입을 빌려 이야기하고, 듣는 사람 혹은 주어진 상황에 따라 매번 변화를 주어 이야기하는 등 자유로운 화법을 구사하고 있는 책입니다. 그래서 엄숙하고 진지하게 다가가려고 한다면 다른 철학책들에 비해 이해하기가 더 어렵게 느껴질 수 있어요.

　반대로 자유롭고 편안하게 다가가면 무궁무진하게 재미있는 이야기들을 만날 수 있습니다. 철학책이라는 부남을 벗어넌시고, 장사가 펼치고 있는 풍부하고 다채로운 이야기를 있는 그대로 그리고 마음에 와 닿는 대로 읽어 나가다 보면 오히려 쉽게 장자의 마음과 만날 수 있으리라 생각합니다.

그래서 이번 책에서는 장자 철학의 내용을 전부 이야기하려는 욕심을 버리고, 될 수 있으면 친근하게 다가갈 수 있는 내용으로 만들려고 더욱 노력했습니다. 가장 쉬우면서도 우리에게 친근한 이야기에서 출발했을 때 지치지 않고 계속해서 나아가 심오한 진리에 이르는 힘을 기를 수 있다는 것이 제 생각입니다.

이 책 속에서처럼 우리 곁에서 가깝게 만날 수 있는 친근한 아저씨의 모습으로 장자를 처음 접하게 되면 언젠가 어린이 여러분 스스로가 깊고 다양한 장자의 진짜 얼굴을 찾아내게 될 것이라 믿습니다. 그리고 돌아보면 그것은 여러분 자신의 얼굴이기도 할 것입니다.

주위를 둘러보면 똑같은 목표와 비슷한 공부 계획으로 하루하루를 채워 가는 어린이 여러분이 많은 것 같습니다. 열심히 공부하는 것은 참 좋은 일이지요. 그런데 만약 여러분이 공부를 하는 이유가 단지 좋은 학교, 좋은 학과에 가기 위해서일 뿐이라면, 잠시만 고개를 들어 생각해 보세요. 도달한 그곳에서 무엇을 할 것인지, 그것이 과연 자기가 정말로 좋아하는 일이자 오랫동안 즐겁게 할 수 있는 일인지 말이에요.

자기다운 삶을 살기 위해서는 자기 힘으로 꾸준히 생각해 보아야 하고, 스스로에 대해 시원스럽게 알아야 합니다. 여러분들이 스스로 생각하는 힘을 기를 수 있도록 하려는 것이 아마 이 '철학자 시리즈'를 처음 기획

한 분들의 속뜻이었을 것입니다.

이 책을 읽는 어린이들 모두 자기가 진짜로 좋아하는 일이 무엇일까 생각해 보고, 그것을 잘하려면 어떻게 해야 할지를 부지런히 알아 나가고 꾸준히 노력하여 자기 분야의 달인이 된다면 앞으로의 세상이 얼마나 아름다울까요?

2007년 11월

박소정

C O N T E N T S

프롤로그

"우아~ 벌써 6개월이 넘었네."

선우는 달력을 넘기며 중얼거렸습니다. 선우네 집은 지난겨울 이곳 할배나무골로 이사를 왔습니다. 언제부터인가 엄마는 틈만 나면 시골로 이사를 가자고 노래를 불렀습니다. 밤마다 재채기를 해 대던 선우가 얼마 전 알레르기성 비염이라는 진단을 받자 엄마는 이게 다 공기가 나쁜 서울 한복판에서 살기 때문이라며 서울을 벗어날 마음을 굳히셨습니다. 하긴 엄마의 이런 결심이 어제 오늘 일은 아니었습니다.

선우가 눈이 나빠져 처음으로 안경을 쓰게 되었을 때도, 점점 살이 불어 급기야 아슬아슬한 비만 아동의 몸매가 되었을 때도, 엄마는 시골로 가기만 하면 모든 문제가 해결될 것처럼 시골 타령을 하셨습니다.

그러던 중 지난가을에 아빠 회사가 경기도 이천 근처로 옮겨가게 된 것이 결정적 계기가 되어 시골로 내려오게 되었습니다. 5학년이되어 한창 친구들과 재미있게 어울려 지내고 있었던 선우는 절대로 그럴 수 없다며

펄쩍 뛰었습니다. 시골은 불편하고 친구도 없으니 가고 싶으면 엄마 아빠나 가라고, 자기는 동생이랑 할아버지 댁에서 학교를 다니겠다고요.

　선우가 이렇게 완강하게 나오자 엄마는 작전을 바꾸어 한 사람 한 사람씩 은근하게 설득하기 시작했습니다. 어느 주말인가는 드라이브를 하자며 서울 근교를 한 바퀴 돌고 오기도 하고, 한번은 시골 사는 엄마의 친구가 은행이 익었으니 따러 오란다며 장대와 포대 자루를 차 트렁크에 잔뜩 싣고서 내려가기도 했습니다. 선우의 동생 정우는 개울에서 발을 담그고 놀았던 날 완전히 엄마 편으로 넘어간 것 같습니다. 엄마의 은근한 설득에 선우는 한편으로는 시골 생활이 조금씩 궁금해지면서도 속을 떠보려는 엄마의 집요한 질문에는 늘 시큰둥하게 대답했습니다.

　그러자 엄마는 최후의 카드를 꺼내 놓았습니다. 그것은 회사 기숙사에서 지내면서 주말에만 올라오시는 아빠를 정말 그대로 내버려둬야겠냐는 것이었습니다. 그 질문에 선우는 마음이 흔들려 고생하시는 아빠를 위해 우리가 내려가야겠다고, 어쩔 수 없이 고집을 꺾고 말았습니다. 하지만 엄마가 살기로 결정한 곳은 아빠 회사 바로 옆에 있는 아파트가 아니라 그곳에서도 차를 타고 40분은 더 들어가야 하는 진짜 시골이었습니다. 하지만 아빠는 서울 시내에서 차가 막혀 오랫동안 서 있는 시간을 생각하면 아무것도 아니라며 마냥 흐뭇해하셨습니다.

　'처음 이사 왔을 때는 불이 꺼지면 온 동네가 깜깜해져서 화장실 가기도 무서웠는데, 이제는 익숙해져서 서울 생활이 어땠는지 까마득하네.'

선우는 속으로 생각했습니다. 아직까지는 엄마한테 여기가 좋다고 말한 적은 한번도 없습니다. 그렇게 말하면 너무 쉽게 백기를 드는 것 같아서입니다. 하지만 선우도 동생 정우도 시골 생활에 차츰 적응해 가고 있습니다. 학교가 먼 것이 좀 문제였지만 아침에는 아빠가 출근하면서 데려다 주시고 하교 길에는 동네 아줌마들이 순번을 정해 돌아가며 아이들을 데리러 왔습니다. 끼리끼리 짝을 지어 노래를 부르며 걸어오는 경우가 대부분이었지만 재수가 좋으면 경운기를 얻어 타고 오는 날도 있었습니다. 아이들은 자동차를 타는 것보다 경운기 타는 것을 더 좋아했습니다.

시골로 내려온 지 얼마 안 되어 선우네 집은 모든 사람들의 공동 별장이 되었습니다. 우선 친척들이 번갈아 가며 찾아왔고, 엄마·아빠의 친구들도 가끔 놀러 와서 바비큐 파티를 열곤 했습니다. 바비큐 파티래야 마당에 마른 나뭇가지들을 가득 주워 모은 다음에 넓적한 돌을 찾아다 잘 씻어서 삼겹살 같은 고기를 굽는 것이 전부였지만, 잔뜩 달구어진 돌에서 기름이 쫙 빠진 야들야들한 고기를 그 자리에서 바로 집어 먹는 맛은 정말이지 꿀맛이었습니다.

이번 여름 방학에 선우네 집은 급기야 장기 투숙객까지 맞이하게 되었습니다. 겨우 중학교 3학년이면서 작가 지망생이랍시고 있는 대로 인상을 쓰고 다니는 사촌 예은이 누나가 방학 동안 선우네 집에서 지내기로 한 것입니다! 뭐, 자연과 벗하며 소설을 쓴다나요?

생활의 달인

사람을 해치는 것 가운데 자기 안에서 들끓는 감정을 조절하지 못해서
생기는 병보다 더 심한 것이 없으니, 넓디넓은 세상 어디에도 도망할
곳이 없기 때문이다.

-《장자》

1 텔레비전에서 만난 생활의 달인들

"아유, 심심해. 뭐 재미난 일 없나?"

예은이 누나는 모든 일에 심드렁했습니다. 언제나 눈을 살짝 내리깔고 좋은지 싫은지 속마음을 알 수 없는 표정이었습니다. 뭔가에 관심을 보이고 흥분을 해서 눈을 반짝거린다거나 눈에 띄게 실망한 표정을 드러낸다거나 하는 것은 애들이나 하는 짓이라는 듯 말입니다. '좋았니?' 하고 어른들이 물으면 눈을 내리깔고 마지못해 '네에~' 하고 대답한다든가 아니면 다소 비판적인 말투로

'글쎄요, 그저 그랬어요' 하고 대꾸를 해서 상대의 맥이 풀리게 만드는 식이었습니다. 하지만 나이에 비해 지나치게 차분한 누나도 아주 가끔은 자기도 모르게 눈을 빛낼 때가 있습니다. 그것은 바로 즐겨 보는 텔레비전 프로그램 이야기가 나오거나 좋아하는 가수에 대해 이야기할 때입니다. 그리고 여기 와서 추가된 것 중 하나는 뚱딴지같은 녀석, 정우랑 이야기할 때였습니다.

"우아, 저것 좀 봐. 굉장하다!"

"진짜~ 대단하다, 형아."

텔레비전을 보고 있던 선우와 정우가 맞장구를 치며 탄성을 질렀습니다. 그러자 소파에 앉아 MP3를 듣고 있던 예은이 누나는 화면을 흘낏 쳐다보더니 별일 아니라는 듯 콧방귀를 뀌며 말했습니다.

"너희들 저런 거 처음 보니? 뭘 그렇게 호들갑이야~ 지난주에 나왔던 사람에 비하면 별것도 아니다."

텔레비전에서는 〈생활의 달인〉이라는 프로그램이 막바지를 향해 가고 있었습니다. 오늘은 동대문 시장에서 바느질 일을 하는 아주머니가 주인공이었는데 재봉틀로 갖가지 무늬를 똑같은 모양으로 누비기, 그림을 한번 보고 주어진 시간 안에 똑같은 모양으로 수를 놓기, 바늘땀을 일정한 간격으로 감치기 등등 놀라운 바느질 솜씨를 보여 주고 있었습니다.

아이들이 탄성을 지른 것은 진행자가 아무렇게나 자른 옷감을 아주머니가 정확하게 몇 센티미터인지 알아맞히는 대목에서였습니다. 아주머니는 센티미터뿐 아니라 밀리미터까지 어림잡고 있었습니다. 진행자가 놀라움을 감추지 못하고 정우와 선우처럼 '와~ 우아~' 하고 탄성을 연발하자 아주머니는 대단치 않다는 듯 '내 손이 자예요'라고 말했습니다. 그러고는 둘둘 말린 옷감을 풀어 가면서 정확하게 3센티미터씩 바이어스테이프를 잘라 내는 묘기를 보여 주었습니다.

"지난주엔 뭐가 나왔는데?"

"이삿짐 집어 던지기."

궁금해진 정우가 냉큼 묻자 누나는 고개도 들지 않은 채 짤막하게 대답했습니다.

"이삿짐을 집어 던진다고? 왜?"

재미있는 장면이 끝나자, 새로운 화제에 호기심이 생긴 선우는 후닥닥 누나 옆으로 달려와서 물었습니다.

"그래, 이불같이 무거운 짐을 계단으로 옮기려면 힘드니까 트럭을 마당에 대고 나서 짐을 이층에다 휙휙 집어 던지더라. 그러면 짐들이 척척 알아서 들어가."

"우아, 정말?"

정우의 감탄이 다시 시작되었습니다.

"그뿐인 줄 아니? 우리가 보기에는 도저히 들어갈 수 없게 생긴 곳으로 큰 가구들을 쏙쏙 집어넣는 거야. 진행자가 이리저리 재 보고는 '도저히 안 들어갑니다, 제가 장담합니다, 내기를 해도 좋 습니다' 했는데 그 아저씨는 눈대중으로 쓰윽 어림잡고 나서 '그 래도 한 2센티는 남겠네' 그러는 거야. 그러고는 요리조리 당기고 밀고 해서 쏙 집어넣었는데 나중에 보니 정말 딱 2센티가 남는 거 있지?"

누나는 아이들이 자기 이야기에 홀딱 빠져 '우아~ 우아~' 하 는 것이 재미있었는지 다른 이야기도 해 주었습니다.

"너희들 신기료 장수 알아?"

"신기루 장수?"

"아니 신.기.료. 헌신을 꿰매 고치는 일을 직업으로 하는 사람 말 이야."

"아아, 구둣방 아저씨 말이야? 그런데 왜 신기료 장수라고 해?"

"옛날에 헌 신을 고치는 사람들이 여러 마을을 돌아다니며 '신 기리오~ 신 기리오~' 하고 가락을 맞춰 외치고 다녔대. 우리 국어 선생님이 그러셨어. 아름다운 우리말을 살려 써야 한다고. 구둣방 아저씨 대신에 신.기.료.가 된 거야. 알겠니?"

누나는 한수 가르쳐 준다는 듯 말했습니다.

"그래, 알았어. 알았다고. 그런데 신기료 장수가 어쨌는데?"

선우는 속으로 '요즘 누가 그런 말을 쓴담' 하고 중얼거렸지만 얼른 이야기를 듣고 싶은 마음에 입 밖으로 내뱉진 않았습니다.

"한참 전 방송에 서울 변두리에 살면서 20년 동안이나 신발을 기워 온 신기료 장수 아저씨가 나왔거든. 근데 그 아저씨는 운동화고, 구두고, 샌들이고 할 것 없이 뭐든지 척척이야. 떨어진 부분을 감치고 뒤를 다듬어 쓱쓱 붙이고…… 카메라로 아저씨가 신발을 다루는 모습을 클로즈업해서 보여 주니까 바로 앞에서 지켜보는 것처럼 생생하게 보이더라. 어찌나 날렵하고 능숙하게 가죽을 다루는지, 마치 가죽에 생명이 깃들어 있어 아저씨의 말을 고분고분하게 잘 듣는 것처럼 느껴지지 뭐야. 제일 신기했던 건 말이지, 아저씨 손길이 닿아 꿰매거나 붙인 신발은 절대로 떨어지지 않는다는 거야. 왕년에 씨름 선수로 유명했던 사회자가 달려들어서 잡

아당겨 보다가 일찌감치 포기하고, 나중에는 다른 사람들이 두 명이나 달려들어 잡아당겨 보았는데도 결국은 다들 나가떨어지더라고. 신 깁는 데 달인이야, 달인.

근데 너희 누가 처음 이런 달인들에 대한 이야기를 시작했는지 아니? 좋아, 힌트 하나 줄게. 유명한 중국 철학자야. 한번 맞혀봐."

"몰라도 돼~."

"내가 학교 선생님께 배웠는데……."

"아, 몰라도 돼~."

선우는 심드렁한 말투로 잽싸게 대답했습니다. 작가 지망생답게 누나는 오래전에 보았던 장면인데도 제법 실감나게 묘사를 했습니다. 눈썰미가 보통이 아니었죠. 어린 정우는 아무 생각 없이 '우아~ 우아~' 하면서 말끝마다 감탄사를 연발하고 있었지만, 선우는 속으로 조금 약이 오르기도 했습니다.

'어떻게 저렇게 텔레비전 프로그램을 줄줄 꿰고 있담? 게다가 뭐? 누가 처음 달인 이야기를 시작했느냐고? 유명한 중국 철학자? 잘난 척하기는…… 그나저나 우린 이게 뭐야. 시골 구석에 처박혀 재미있는 프로도 못 보고.'

정말 그랬습니다. 일단 학교에서 친구들이 텔레비전에 대한 이야기를 아예 하지 않는데다가 집에 와도 텔레비전을 켤 만큼 심심할 겨를이 없었으니까요. 학교에 갔다 오면 숙제를 다 마치고 나서야 텔레비전을 볼 수 있는 것이 선우네 집의 규칙이었는데, 하기 싫어서 뭉개다가, 마당에서 놀다가 겨우겨우 끝내 놓으면 아빠가 오십니다.

그럼 엄마는 '자~ 모두들 나가서 동네 한 바퀴다!' 하시면서 수건이랑 물통 같은 것을 들려 선우를 내쫓으셨지요. 가끔 마당의 상추도 솎아 내고 길가의 머윗대도 뜯고 뒷산에도 올라가고 동네 강아지도 쫓아다니다 보면 어느덧 하루해가 뉘엿뉘엿해졌습니다. 집에 와서 꿀맛같이 단 저녁을 먹고 나면 또 하루가 저물고 마는 거죠.

'아무래도 이건 텔레비전을 보지 못하게 하려는 엄마의 계략이야. 흥!'

2 너 이거 할 줄 알아?

"야!"

누나는 다짜고짜 소리를 치더니, 순식간에 말을 드르륵 주워섬 겼습니다.

"호랑이빨래골라스미골룸메이트럭비공지렁이야."

"뭐라고? 이건 또 뭐야, 누나?"

"학교에서 애들이 이렇게 하고 놀아. '야!' 해서 깜짝 놀라 돌아 보면 말을 좌라락 이어 뱉어 내는 거지. 몰랐어? 야호, 호랑이, 이빨, 빨래, 래골라스, 스미골, 골룸, 룸메이트, 트럭, 럭비공, 공지, 지렁이. 어때?"

누나는 어지간히 신이 났나 봅니다. 아까는 신기료니 달인이니 중국 철학자니 있는 대로 잘난 척을 하더니 또 해괴망측한 소릴 하네요. 늘 새침한 표정으로 MP3를 귀에 꽂고 다니며 묻는 말에 대답도 잘 안 하더니 오늘은 웬일인지 모르겠습니다.

"신기하다. 다시 한 번만 해 봐라, 누나야."

정우는 부추기는 데 선수입니다.

"야! 호랑이빨래골라스미골룸메이트럭비공지렁이야."

"우아~ 딱 2초 걸렸어!"

선우는 시계를 보고 있다 저도 모르게 놀라 소리를 쳤습니다. 누나는 제대로 알아듣기도 힘들 정도로 빠르게 말을 이었습니다. 남자애들처럼 몸으로 장난치며 노는 대신에 여학교에서는 말놀이가 유행하는 모양입니다.

"나도 한번 해 봐야지. 야호, 랑이, 이빨, 어, 빨래, 어, 뭐더라? 아, 래골라스, 스미골…… 골룸…… 그 다음에 뭐지?"

생각처럼 쉽지가 않았습니다. 빨리 하려고 애쓰니까 더욱 더뎌지고, 다급해지니 더 기억이 나질 않았습니다.

"처음엔 나도 그랬어. 다 외우는 데 30분이나 걸렸다니까? 빨리 하는 애들은 진짜 빨라. '야!' 해서 뒤돌아보는 사이에 벌써 지렁이가 된다니까. 처음에는 이어지는 말을 생각하고 그 다음에는 자꾸 외워서 입에 붙게 해야 해."

선우와 정우는 중요한 시합에라도 나가려는 듯 열심히 외우고 연습했습니다. 정우는 〈반지의 제왕〉에 나오는 캐릭터인 래골라스와 스미골만 나오면 더듬거리며 쩔쩔맸습니다. 그렇지만 먼저 포기한 것은 선우였습니다.

"에이, 못해! 흥, 누나나 열심히 하셔."

"어머? 달인이 되기 싫은 거야?"

"하여간 내가 말을 안 하려고 해도 누나의 잘난 척은 전 세계가 알아 준다니까. 누나는 잘난 척 달인이다, 잘난 척 달인."

"정우야, 너 장자가 누군지 아니?"

"왜? 또 잘난 척하시게요~?"

"누가 너한테 말했니? 너 말고 정우 말이야."

"장자가 누군데?"

선우가 아무리 핀잔과 면박을 줘도 예은이 누나의 잘난 척이 수그러들지 않는 데는 이유가 있습니다. 저렇게 순진하게 자꾸 물어

보는 정우가 있기 때문이죠!

"장자는 춘추전국시대에 살았던 중국의 철학자야. 노자와 함께 아주 유명한 성인으로 꼽히는 인물이라고. 길에서 '도를 아십니까?' 하는 사람들 있지? 그 '도'라는 것도 원래는 노자랑 장자가 주장했던 심오한 철학이야. 너흰 아직 안 배워서 몰랐지?"

"그럼 도가 좋은 거야?"

'너흰 안 배워서 몰랐지?' 라니, 아이고, 선우는 예은이 누나가 얄미워 죽겠습니다. 그런데 정우는 자꾸 질문을 해서 누나가 계속 잘난 척할 기회를 줍니다.

"그럼, 원래 도는 우주 만물의 이치를 일컫는 좋은 뜻이야. 그런데 요즘 사람들이 이상한 의미로 잘못 쓰고 있는 거지. 학교 선생님이 그랬어. 옛날에 장자가 이야기했던 성인이 바로 지금 우리가 달인이라고 하는 사람의 모습이래. 알아? 몰랐지?"

"달인? 생활의 달인 할 때 달인?"

"그래, 장자가 생각했던 가장 뛰어난 인간상이 달인 같은 사람이었던 거지. 그러니 너도 달인이 되려면 얼른 따라해. 야! 호랑이 빨래골라스미골룸메이트럭비공지렁이!"

"야호! 랑이…… 빨래, 래, 래골라스, 스미골룸……."

"룸메이트! 하하하!"

정우는 아무 생각 없이 연습에 열중하고 있었지만, 선우는 슬그머니 이게 다 시골에 살기 때문이라는 원망이 생겼습니다.

생각해 보면 서울에 살 때는 놀이든 장난감이든 텔레비전 프로그램든 간에 뭔가 반에서 유행하는 것이 있었고 그것에 뒤처지지 않으려 부지런히 애를 쓰면서 지냈던 것 같습니다. 그런데 여기에서는 아이들이 산으로 들로 내달리면서 놀 뿐 특별히 유행하는 게임 같은 것들이 없었기 때문에 하루하루가 느리고 단조롭게 지나가는 것 같았습니다.

"치잇~ 누가 이런 시시한 거 따라한대요? 난 플래시 게임이나 만들 거야."

3 나도 달인이 될 수 있을까?

선우는 컴퓨터 게임을 하는 것도 좋아했지만 그보다 게임을 만드는 것을 더 좋아했습니다. 어렸을 때부터 그랬던 것 같아요. 아무도 가르쳐 준 적이 없는데도 집에 있는 컴퓨터를 가지고 이리저리 버튼을 눌러 보면서 혼자서 컴퓨터 사용법을 익혔습니다. 다섯살 때인가는 바탕 화면 가득히 새 폴더를 만들어 놓아 온 집안을 웃음바다로 만들어 놓은 일도 있었고요. 뭔가를 움직이면 화면이 달라지는 것이 그저 재미있었나 봅니다. 이렇게 배운 컴퓨터 실력은 아직 아마추어 솜씨이긴 해도 발표용 파워포인트도 혼자서 만들고 애니메이션 게임도 직접 제작하는 수준까지 되었답니다. 요새는 학교 선생님이 컴퓨터가 말을 듣지 않으면 선우부터 찾을 정도라니까요.

'아~ 더워…… 이런 날엔 웃통 홀떡 벗고 팬티만 입고 지내면 딱인데…… 누나가 있으니 티셔츠에 바지까지 갖춰 입어야 하고 이게 뭐람. 어렸을 땐 아무렇지도 않더니 이제는 왠지 신경이 쓰이네.'

반쯤 벗고 지내다가 소매 없는 옷은커녕 반팔 옷을 갖춰 입고 지내려니까 더욱 더웠습니다. 게다가 좋은 아이디어가 생겨서 만드는 데 열중하고 있는 게 아니라 괜히 심술이 나서 팽~ 하고 컴퓨터 앞에 앉은 터라 일이 제대로 잡히지 않았습니다. 정우를 흘깃 보니 예은이 누나가 적어 준 종이를 들고 열심히 외우고 있었습니다. 저런 게 뭐가 재미있담?

동생 정우는 한마디로 노력파입니다. 차분하고 침착하게 주어진 일을 열심히 하는 성격이라 이리 뛰고 저리 뛰는 선우와는 완전히 달랐습니다. 엄마는 가끔 '정우 이름의 정(定)에 〈마음이 안정되었다〉는 뜻이 들어 있어 그런가? 어쩜 형제가 저렇게도 다를까?'

하고 혼잣말로 중얼거리곤 했지요. 정우가 아주 어렸을 적 일입니다. 네 살 정도 되었던 정우는, 색칠하기 책에 있는 커다란 개구리를 1시간도 넘게 땀을 뻘뻘 흘려가며 빈틈없이 초록색으로 칠했습니다. 엄마는 그 일을 두고두고 이야기했습니다.

선우가 좋아하는 일에 물불을 안 가리고 달려들어 온통 빠져드는 성격이라면, 정우는 동화책을 한 권 읽고 나면 그것을 책꽂이에 다시 꽂고 나서야 다른 책을 꺼내 드는 완벽주의자형입니다.

대신 능청스럽고 뚱딴지 같은 데가 있습니다. 형이랑 잘 놀다가도 자기에게 불리한 상황이 오면 닭똥 같은 눈물을 뚝뚝 흘려서 자신에게 유리한 상황으로 만든다거나, 애늙은이처럼 행동해서 주변의 칭찬을 받곤 했으니까요. 좋고 싫은 기분에 따라 행동해서 손해를 보기 일쑤인 선우와는 달랐습니다. 그런데도 아빠는 다 자라고 나면 서로에게 좋은 친구가 될 거라고 하셨습니다.

"우아~ 잘한다. 꼬마 달인의 탄생이네!"

뜻밖에 누나의 목소리였습니다. 정우는 외우기를 마치고 자랑스러운 표정으로 자기가 외운 것을 누나에게 떠듬떠듬 선보이고 있었습니다.

"야~호, 랑이, 이빨, 래골라스, 스미골룸, 룸메이트, 럭비공, 지렁이…… 야! 나 잘하지?"

"그래, 그래. 우리 정우, 일곱 살 되더니 꽤 똑똑해졌는데?"

"다시 해 볼게. 야-호, 랑이, 빨래-, 골라스, 스-미골룸, 메이트-, 럭비공, 지렁이야. 어때? 이번엔 좀 빨라졌어?"

"그래 훨씬 낫다. 겨우 일곱 살짜리가 이렇게 금방 외우다니, 흐음~ 놀라운걸? 이제부터 우리 집 야~호 달인이라고 불러 줄게."

"우아! 내가 야~호 달인이다!"

정우는 얼굴 가득히 뿌듯한 표정을 지으며 으쓱댔습니다. 열심히 노력하는 데에는 못 당한다니까요. 정우는 미리 겁부터 먹은 일은 잘 안 하려고 하지만, 일단 하기로 마음먹으면 할 수 있을 때까지 하고 또 하고 꾸준히 해서 결국 해 내고 맙니다.

'으이씨~ 그러고 보니 누나까지 꼬맹이 정우만 싸고도네.'

장자란 누구인가

'장자'는 사람들이 선생님이라는 뜻의 '자'를 넣어 높여 부르던 것이고요, 원래 이름은 성은 장, 이름은 주라고 알려져 있어요. 그리고 《장자》는 장자라는 사람이 지은 책 이름이에요. 정확하게 말하면 그 많은 양의 글을 혼자 다 썼다고 보이지는 않아요. 물론 《장자》에는 장자가 남긴 글이 기본적인 내용을 이루지만, 장자와 생각을 같이했던 사람들의 글도 섞여 있는 것 같아요.

장자 역시 노자처럼 이름이 알려지는 것을 그리 좋아하지 않았기 때문인지 그의 생애에 대해 정확하게 알려진 것은 없어요. 역사책에 나오는 짧은 기록과 《장자》에 나오는 일화들을 통해 생애를 짐작할 수 있을 뿐이지요.

장자는 재상이 되어 달라는 초나라 왕의 부탁을 거절하고 옻칠나무가 많았던 동산을 맡아 관리하는 벼슬을 지냈다고 해요. 넓디넓은 산속에서 자연과 벗하며 지내다 보니 장자의 생각이 넓고 커진 것인지, 거꾸로 장자가 세상일에 연연하지 않고 툭 트인 마음을 가졌기 때문에 자신의 능력을 잘먹고 잘사는 데 쓰는 대신 드넓은 자연의 품에서 자유롭게 살고자 한 것인지 모르겠어요.

노자가 세상의 근원인 '도'에 대해 문제를 제기하고 그것에 가까워지는 삶의 큰 틀로 '무위자연'이라는 개념을 제시하였다면, 장자는 실제로 전개되는 삶의 다양한 국면 속에서 도에 따른 삶의 다채로운 모습을 발견하고 이에 따라 스스로 도를 현실 속에서 구현하는 방법을 제시하고자 했어요.

노자가 말을 아끼는 시인이라면 장자는 신기한 솜씨의 이야기꾼이라고 할 수 있어요. 생각해 보세요. '도는 무위자연하다'는 것을 이해했다고 해서 곧바로 날마다 부딪히는 일상 속에서 자유롭고 자기답게 살 수 있겠어요? 시시각각 변화하는 상황마다 과연 어떻게 해야 자기답게 살 수 있는지 막막하기만 하겠지요. 그래서 장자의 독특한 사상을 나타내는 여러 개념들은 다양한 삶의 이야기 속에서 펼쳐진답니다.

예를 들어 '물아합일(만물과 더불어 하나 된다)' '좌망(차분히 앉아서 모든 일들을 잊는 경지에 이른다)' '심재(어지러운 마음을 가라앉히고 고요한 상태로 만든다)' 등 장자의 중요한 개념들은 엄격한 원칙으로 제시되지 않고, 우리와 똑같이 울고 웃고 고민하며 살아가는 사람들이 겪는 일들을 통해 그려져요. 물론 이 세상에는 없을 것 같은 신기한

사람들의 이야기를 슬쩍 끼워 넣기도 하지만요.

재미있게 이야기를 따라가다 보면 자신도 모르게 심오한 진리에 다다르게 만든다고나 할까요?

《장자》는 중국의 여러 고전 가운데에서도 가장 어려운 책으로 알려져 있어요. 하지만 너무 염려하지는 마세요. 인생과 우주에 대한 장자의 통찰은 깊고 넓은 것이지만 고차원적으로만 이야기한 것은 아니니까요. 우리의 생활 곳곳에서 일어날 법한 여러 가지 흥미로운 일들을 이용해서 이야기하고 있는 부분들도 많아요.

그러니 《장자》를 읽을 때는 그냥 옛날이야기를 읽듯이 재미있게 읽으세요. 그러고 나서 나중에 두고두고 생각해 보면 그 의미가 새록새록 가슴에 남을 거예요. 장자가 들려주는 이야기를 너무 고지식하게 듣지 말고 무엇을 말하려고 이런 이야기를 할까 여러분의 상상의 힘을 한껏 발휘해 보세요.

《장자》 가운데에서는 〈소요유〉와 〈제물론〉 편이 가장 유명해요. 〈소요유〉에서는 구만리 창공을 나는 대붕의 이야기를 통해 우리들이 얼마나 작고 미미한 존재인가를 보여 줘요. 뭐가 그리 중요한지 눈에 불을 켜고 아옹다옹 이익을 다투면서 정작 자기 자신은 돌아볼 줄 모르는 사람들에게 저 멀리 하늘에서 굽어보았을 때 이 세상이 어떻게 비추어질 것인가를 생각하게 만들지요.

그래서 정말로 하늘 끝까지 자유로워지려면 자기라는 틀에 갇혀 있지 말고 자기 위주의 생각과 행동을 극복해야 한다고 말해요. 참된 자유라는 것이 자기를 잊어버려야만 얻어진다니 한편으론 가슴이 철렁하지요?

하지만 〈제물론〉은 자기를 잊는다는 것이 슬프거나 재미없는 일이 아니라는 것을 알려줘요. 내 주변의 사람들뿐만 아니라 동물과 식물들, 더 나아가 모든 것에 눈을 뜨는 일이라고 말이에요. 생각해 보세요. 나만 제일 중요하다고 생각하는 사람은 다른 사람의 소중함을 알지 못하잖아요? 하지만 '내가 전부가 아니구나' 하고 깨달은 사람은 다른 사람의 이야기에 귀를 기울이겠지요.

또 인간만이 중요한 존재가 아니라는 것을 깊이 알게 된 사람은 동물들, 풀과 나무들의 소중함을 느낄 수 있게 되겠지요?

이제부터 펼쳐질 달인 이야기에는 이렇게 자기로부터 자유로워지려는 사람과 나와 다른 사람, 동물, 풀과 나무 등 모든 자연의 활동에 눈을 뜨게 된 사람이 다채롭게 살아가는 모습이 나와요.

이런 사람들은 처음부터 잘나고 똑똑하거나 특별한 재주를 가지고 태어난 것이 아니에요. 여느 사람과 마찬가지로 쉽게 성내고, 슬퍼하고, 기뻐하는 사람들이지요. 다만, 스스로 감정을 조절하여 자신을 이겨 내고, 자기에게 주어진 상황에 맞게 나와 다른 사람들과 어울려 살면서, 자기 나름의 삶을 충실하게 가꾸어 나가게 된 것이지요.

　모두들 처음부터 달인이었던 것은 아니란 얘기지요. 하루하루 꾸준히 자기가 좋아하는 일을 해 나가면서 그것이 쌓이고 쌓여 신기하고 놀라운 능력을 가지게 된 것이지요.

　여러분도 이번 기회에 자신이 오랫동안 좋아하면서 할 수 있는 일이 무엇인지 잘 생각해 보세요.

2

유쾌한 얼짱 아저씨

 성인이란 온 세상의 아름다움을 알며 온갖 사물들의 이치에 통달한
사람이다. 그리하여 지극히 통달한 사람은 자연스럽게 행동하며 억지로
하려 들지 않는다. 자연으로부터 배우기 때문이다.

−《장자》

1 어? 두루 아저씨네

어느새 한 주가 훌쩍 지났습니다. 예은이 누나는 특별히 하는 일 없이 시간을 보냈습니다. 이따금 방학 숙제를 하는 둥 집안에 가득한 책을 뒤적거리는 둥 하면서 말입니다. 책을 읽지도 숙제를 하지도 않을 때는 대부분 귀에 MP3를 꽂고 창밖으로 보이는 하늘을 쳐다보며 누워 있었습니다.

"형아! 〈생활의 달인〉 해. 빨리 이리 좀 와 봐!"

지난주 이후 정우가 손꼽아 기다리던 시간이었습니다. 오늘의 주인공은 어묵의 달인이었습니다. 처음엔 좀 시시하다고 생각했는데 어묵을 만드는 손을 슬로 비디오로 보여 주자 탁타닥탁~ 탁타닥탁~ 8박의 장단에 맞추어 어묵을 만드는 과정이 그야말로 예술이었습니다.

어묵은 그냥 밀가루 반죽을 떼어 내어 만드는 것이려니 생각했는데 생각처럼 간단하지 않았습니다. 어묵 안에 공기층이 많이 생겨야 부드럽고 쫄깃하다면서 반죽을 얇게 민 후 굴리듯이 다듬으면서 모양을 만들고는 곧바로 기름 솥에 떨어뜨렸습니다. 그런데 그 손놀림이 필름을 느리게 돌려서 보지 않으면 도저히 눈으로는 쫓아갈 수 없을 정도로 빨랐습니다.

"맛있겠다. 꿀~꺽."

오늘은 신설 코너가 생겼습니다. 그날의 주인공 이야기가 끝난 후 '우리 동네 명물'을 잠깐 소개하는 코너로 각 지방에 사는 시청자들의 제보를 받아 신기한 솜씨를 지닌 사람들을 찾아가서 만나 보는 시간이었습니다.

오늘의 명물은 산길을 손바닥 보듯이 안다는 아저씨였습니다. 한 국립공원에서 일하는 산림 경비원 아저씨라고 하는데 어쩐지 취재 차량 창문 밖으로 언뜻언뜻 비치는 산이 낯익어 보였습니다.

그러고 보니 호리호리하고 키가 좀 큰 경비원 아저씨의 뒷모습도 어디선가 본 듯합니다. 기자가 불러 아저씨가 고개를 돌리는 순간, 마당에 나가 계신 줄만 알았던 엄마가 어느새 아이들 뒤로 다가와 말했습니다.

"장씨 아저씨 아니니?"

"아~ 맞다, 맞아. 그렇구나. 두루 아저씨네."

어른들은 장씨 아저씨라고 불렀지만 동네 아이들에게는 두루 아저씨라는 별명으로 통합니다. 두루두루 모르는 것이 없기 때문입니다.

아저씨는 국립공원 경비원이 직업이었지만 경비 일을 하는 틈틈이 여러 가지 일을 하셨습니다. 선우와 정우는 이사 온 지 얼마 되지 않아 아저씨랑 이야기할 기회가 별로 없었지만 동네 아이들은 가끔 재미있는 이야기를 들으러 아저씨한테 놀러 가기도 했습니다.

산자락에 있는 동네라 아이들은 끼리끼리 모여 산에 오르곤 했는데 한번은 어떤 아이가 산 속에서 길을 잃었습니다. 어른들이 흩어져 찾아 나섰지만 결국 못 찾고 내려와 다들 넋을 놓고 털퍼덕 주저앉아 있었습니다.

그때 두루 아저씨가 깜깜한 산 속을 샅샅이 뒤져 아이를 안고 내려왔습니다. 내려오는 길에 어찌나 신기하고 재미난 이야기를 많이 들려주시던지 아이는 산 속에서 혼자 울었던 것도 다 잊어버리고 싱글벙글 웃으면서 아저씨의 손을 놓을 줄 몰랐습니다.

아는 사람이 텔레비전에 나왔다는 것이 신기해서 선우네 가족은 텔레비전 앞으로 모여들었습니다. 기자는 신기한 것을 캐내려고 계속해서 꼬치꼬치 짓궂게 물었습니다. 그런데 아저씨의 대답이 워낙 평범하고 싱거워서 방송용으로는 별 재미가 없었습니다.

카메라로 아저씨가 일러 주는 산길을 따라가며 보여 주긴 했지만 극적인 사건을 만들어 내기에는 주어진 시간이 너무 짧았고, 기자가 제보한 사람들의 이야기를 좀 과장하여 호들갑을 떠는 것 말곤 이렇다 할 것이 없었습니다.

그런데 늘 장난기 어린 미소를 띠우고 있는 분이라 친근하게 느껴지긴 했지만 잘생겼다는 생각은 전혀 하지 못했는데 카메라로 클로즈업을 해서 보여 주니 꽤나 멋있는 얼굴이네요.

"저 정도면 흠…… 각도만 잘 잡아 찍으면 인터넷 얼짱에도 등극할 수 있겠어."

"너, 저 아저씨 안다고 했지?"

무슨 생각인지 누나가 다그쳐 물었습니다.

"응, 우리 뒷산에 늘 계셔. 몇 번 봤어."

선우가 대답했습니다.

"그럼 우리, 내일 저 아저씨 만나러 산에 가 보자."

"그래, 좋아!"

2 우리 곁의 달인을 찾아서

아이들이 아저씨를 찾아 간 것은 해가 뉘엿뉘엿해질 무렵이었습니다. 선우네 동네에서 30분 정도 걸어가면 뒷산으로 이어지는 길이 시작되는데, 사람들이 많이 다니는 길이 아니라 한산했습니다.

사람들은 설악산이나 지리산처럼 이름난 산에는 기차를 타고 버스를 갈아타면서까지 가 보고 싶어 하지만 서울에서 멀지도 가깝지도 않은 이런 평범한 산에는 오고 싶어 하지 않는 모양입니다. 이곳을 아는 사람들이 주말에 가끔 찾아들곤 했지만, 그래도 이

산은 주로 동네 사람들과 아이들 차지였습니다.

"이제 거의 다 왔는데, 이 근처 어디쯤 계실 것 같은데……."

"너희들, 서울서 새로 이사 온 애들이구나?"

아이들이 아저씨를 찾아내기도 전에 아저씨 쪽에서 먼저 아이들을 발견하곤 말을 건넸습니다. 아이들은 뒤를 돌아보며 합창을 하듯 말했습니다.

"어? 어떻게 아셨어요?"

"지난번에 부모님과 약수 뜨러 산에 오지 않았었니?"

"와~ 아저씨 기억력 진~짜 좋다! 오늘은 서울 사는 누나랑 같이 왔어요. 전 선우라고 하고요. 얘는 제 동생 정우예요."

아저씨는 장난스러운 미소를 희미하게 지으며 선우와 정우, 예은이 누나 모두에게 세심한 눈길을 보냈습니다.

"그런데 어쩐 일이니? 부모님도 없이 너희들끼리만……."

"뭐, 이것저것 물어보고 싶은 것이 많아서요. 참, 누나는 소설가가 꿈이에요. 말하자면 누나는 취재차 온 거라고 할 수 있지요. 궁금했던 것들 좀 물어봐도 돼요?"

"그러렴, 얼마든지."

누나는 새로 산 공책을 꺼냈습니다. 밤마다 남 모르게 뭔가를 끼적거리는 노트로, 절대로 남들에게 보여 주지 않았습니다. 무슨 꿍꿍이가 있기에 저렇게 공책까지 꺼낼까요?

"아저씨는 어떻게 산에 오는 사람들을 다 기억하세요?"

선우는 아저씨가 자신들을 단번에 알아보았던 것이 너무 신기했습니다. 그래서 텔레비전을 보면서 묻고 싶었던 질문들은 까맣게 잊어버리고 먼저 그것부터 물어보았습니다.

"늘 오가는 사람들이야 항상 보니 알 수 있고, 새로 오는 사람은 눈에 확 띄니까."

"언제부터 여기서 일하셨어요?"

예은이 누나가 물었습니다.

"그리 오래되진 않았어, 한 10년?"

"그럼 전에는 뭘 하셨는데요?"

정우가 잽싸게 끼어들었습니다. 아저씨는 정우를 보고 웃으며 말했습니다.

"놀았지. 하하하, 그냥 논 것은 아니고 우리나라를 구석구석 돌아다녔단다. 이런저런 사람들도 만나고…… 여기만 해도 꽤 번화하다고 할 수 있지. 의외로 우리나라에는 도시 사람들이 생각지도 못하는 재미있는 곳이 많거든. 신기한 사람들도 많고."

"어떻게 산에 살게 되셨어요?"

누나가 물었습니다.

"늘 산에만 매여 있는 것은 아니야. 알고 보면 시간이 꽤 많은 직업이지."

"심심하지 않으세요?"

컴퓨터가 없는 생활은 상상할 수조차 없는 선우가 물었습니다.

"그럴 것 같니? 생각보다 재미난 일이 꽤나 많단다."

가까이서 보니 아저씨의 흰 머리 몇 가닥이 눈에 띄었습니다. 아빠처럼 배도 안 나왔고, 항상 웃는 얼굴이라서 젊게 보였던 아저씨였습니다. 그런데 전국 방방곡곡을 돌아다녔다는 이야기며 산림 경비원 일을 10년이나 하셨다는 이야기를 들으니 새삼스럽게 아저씨의 깊은 눈빛과 여유로운 태도는 그냥 가질 수 있는 것이 아니라는 생각이 들었습니다.

"이야기를 할 생각이면 저쪽에 앉을 만한 곳이 있는데……."

아이들은 아저씨가 이끄는 곳으로 따라갔습니다.

3 어렸을 적 꿈 이야기

아저씨를 따라가 보니 나무들로 둘러싸여 아늑한 느낌이 드는 공터가 나타났습니다. 걸터앉을 만한 바위도 있어 아이들은 각자 마음에 드는 돌을 골라 둘러앉았습니다.

'좋은데? 이런 곳이 있는 줄은 몰랐는걸?'

"아저씨, 우리 어제 텔레비전에서 아저씨 봤어요. 진짜 진짜 멋있었어요!"

정우가 들뜬 목소리로 말했습니다.

"그래?"

아저씨는 남의 이야기를 듣는 것처럼 아무렇지도 않게 웃으며 말했습니다.

"그리고 전 꿈도 꿨어요. 산에서 휙휙 날아다니는 꿈."

정우가 덧붙입니다. 그런 줄 몰랐는데, 정우는 어제 아저씨가 나오는 '우리 동네 명물' 코너를 꽤나 인상 깊게 보았나 봅니다.

"어땠니?"

"내가 날아다니니 신기하고 재미있었어요. 지금도 그걸 생각하니까 둥실둥실 날아다니는 것 같아요."

정우는 아저씨가 관심을 보이자 얼굴에 약간 홍조를 띠며 이야기했습니다.

"그랬구나, 아저씨도 너만할 때 꿈을 많이 꾸었단다."

"날아다니는 꿈도 꾸셨어요? 저처럼?"

"물론 그런 꿈도 꾸었지. 가만 있자, 그중에서도 조그만 물고기에서 새로 변신해 날아올랐던 꿈은 지금까지도 기억이 생생해."

"물고기에서 새가 되었다고요?"

선우도 덩달아 목소리를 높이며 물었습니다.

"응, 정우처럼 아저씨도 아주 생생해서 깨어난 다음에도 한참 동안 꿈속의 그 바다에서 헤엄치는 듯한 기분이 들었단다."

"빨리 이야기해 주세요."

정우가 졸라댔습니다.

"처음엔 아주 조그만 물고기였어. 알 속에서 꼬물락거리다가 껍질막을 뚫고 퐁 태어났지. 그때 이미 작은 꼬리가 달려 있더라고. 헤엄을 치다 보니 내가 바로 물고기라는 것을 알아차렸어. 그렇게 난 아주 천천히, 보일 듯 말 듯 서서히 자라기 시작했는데 어느새 집채만 한 크기로 훌쩍 커 버린 거야. 요즘 같으면 63빌딩만 한 크기로 자라났다고 해야 하나? 하하."

"그래서요? 그 물고기가 어떻게 됐는데요?"

"뿌듯해져서 한동안 넓은 바다 속을 유유히 헤엄치고 다녔지. 그러다 어째서였는지 난 다시 꼼짝도 않고 몸을 잔뜩 웅크리고 있었어. 뭔가를 낳으려는 듯이 말이야. 얼마나 시간이 지났을까? 몸이 차츰 변하기 시작하더니 은빛 비늘은 깃털로 변하고 산등성이 같던 등허리에서는 푸르스름한 날개가 돋았지. 아랫배에서는 억센 발톱을 가진 발이 나오고 목이 생기고…… 그 목이 점점 길어지고 부리가 돋아나더니 마침내 거대한 새로 변했단다."

아이들은 모두 숨을 죽이고 아저씨의 이야기에 귀를 기울였습니다.

이게 바로 사람들이 말하는 아저씨의 신기한 이야기 솜씨인가 봐요. 아저씨는 입으로만 말을 하는 것이 아니라 온몸으로 말하는 것 같았습니다. 아저씨의 이야기를 들으니 산처럼 큰 물고기가 용트림을 하며 커다란 새로 변하는 모습이 마치 눈앞에서 펼쳐지는 것처럼 느껴졌습니다.

"기지개를 켜듯 몸을 쭉 펼쳐 보았지. 새로 태어난 모습이 낯설어서 여기저기 고개를 돌리며 몸의 구석구석을 살펴보았단다. 아마 먼 곳으로 떠날 생각을 하고 있었던 것 같아. 퍼드덕거리며 날갯짓하는 연습도 하고 앞발로 무언가 움켜쥐는 시늉도 하면서 잔뜩 긴장돼 있던 몸을 푸느라 여념이 없는 모습이었지."

"그 새가 아저씨였던 게 아니라 꼭 다른 사람이었던 것처럼 말씀하시네요?"

"하하, 사실 꿈이란 게 그렇게 모호한 것 아니겠니? 꿈속에선 내가 네가 될 수도 있고, 네가 내가 될 수도 있지. 난 물고기의 느낌, 새의 느낌을 생생하게 느꼈단다. 그런데 깨어나서 내가 물고기였나 생각하면 그게 아니라 새였던 것 같고, 새였나 생각하면 또 그냥 지켜보고 있었던 것 같기도 하고, 내가 누구였는지 확실히 알 수가 없었단다. 너희는 꿈을 꾸고 나면 거기서 자신이 누구였는지

명확히 짚어 낼 수 있니?"

"아, 듣고 보니 정말 그래요. 잠에서 깨면 꿈에 나왔던 사람들 중에 내가 누구였는지 헷갈릴 때가 많아요."

"맞아, 나도 그런 꿈을 꾼 적이 있어. 한번은 꿈에서 내가 우리 엄마가 되어 날 마구 야단치고 있었어!"

"하하, 네가 널 야단치는 기분이 어떻디?"

"혹시 지금 이것도 꿈이 아닐까?"

누나의 의미심장한 발언에 아저씨께선 대견스런 표정을 지으며 말씀하셨습니다.

"역시 예은이는 누나라 한발 더 나가는구나. 예전에 장자라는 사람도 자신이 호랑나비가 되어 꽃밭을 날아다니던 꿈에서 깬 후에 그런 말을 했단다. 자신이 호랑나비가 된 꿈을 꾼 것인지, 호랑나비가 장자 자신이 되는 꿈을 꾸고 있는 것인지 알 수가 없다고. 이 이야기를 '호접지몽'이라고 하지."

"이야, 옛날 사람들도 그런 생각을 했구나."

정말 그래요. 꿈은 참 이상합니다. 내가 다른 사람이 되기도 하고, 나랑 천연덕스럽게 이야기하던 친구가 전혀 다른 사람처럼 보이기도 하니까요. 그러면서 현실에서는 겪을 수 없는 신기한 일들이 벌어집니다. 하지만 깨고 나서 곰곰이 생각해 보면 뭔가 내게 중요한 일이나 낮 동안 겪었던 일과 관련이 있기도 합니다. 꿈은 과연 어디에서 오는 걸까요?

"어쨌든 새가 된 아저씨는 바다 속에서 소용돌이가 생겨나 회오리바람이 일기를 기다리고 또 기다렸어. 비행기가 하늘로 뜨기 위해 긴 활주로를 달려야 하듯, 그렇게 큰 새를 하늘로 띄우기 위해서는 그만한 크기의 바람이 필요했던 것이지.

드디어 바닷물이 일렁이기 시작했어. 난 바람을 타고 단번에 날아오르기 위해 온몸의 촉각을 모두 곤두세웠단다. 그리고 드디어 소용돌이가 치고 거센 바람이 내 몸에 부딪쳐 오는 순간! 난 하늘로 솟구쳐 날아올랐지!"

하늘로 올라갈 때의 곤욕스러운 울렁거림이 지나고 아이들의 눈앞에 파란 하늘이 펼쳐졌습니다. 꼭 비행기를 탄 기분이었습니다. 아이들은 아저씨의 이야기에 완전히 빨려 들어 있었거든요.

"난 거칠 것 없이 망망한 하늘을 날며 아래를 굽어보았단다. 집, 거리, 놀이터, 공원…… 소중하고 정겨운 온갖 것들이 점점 멀어지고 있었어. 처음에는 성냥갑만큼, 깨알만큼 작아지더니 나중에는 어른거려 모습을 분간할 수 없게 되고 말았지. 정말 한없이 멀리멀리 날아갔단다. 하지만 어디까지 갔는지는 아저씨도 몰라. 어디서 깼는지도 모르게 잠에서 깨어 버렸으니 말이야."

아저씨의 이야기에 빠져 있던 아이들은 이야기가 일단락되자 저도 모르게 휴~ 하고 숨을 내쉬었습니다. 어쩐지 슬프기도 하고 맥이 풀리는 듯도 했습니다.

"그 꿈을 정우만 할 때 꾸셨단 말이에요?"

"정우만 했을 때 꾸기도 하고 한번은 너만 했을 때 꾸기도 했던 것 같아. 그 꿈은 한동안 잊을 만하면 되풀이되었지. 하도 생생했기 때문에 아저씨는 어른이 돼서도 그 꿈이 가끔 떠오른단다. 그리고 무슨 뜻이었을까를 오랫동안 생각해 보지. 왜 물고기는 자기 몸을 키웠을까? 큰 새는 어디로 날아갔을까?"

"물고기는 왜 그렇게 힘들게 새가 되려 하고 또 새는 왜 그렇게 힘들여 멀리 날아가려고 했을까요? 그냥 물속에서 헤엄치면 편할 텐데……."

선우가 조그맣게 중얼거렸습니다.

"그것도 몰라? 포부가 크면 그만큼 준비도 많이 해야 하는 거야. '가장 높이 나는 새가 가장 멀리 본다' 몰라? 멀리 날고 싶으면 그만큼 자기를 이겨 내는 훈련이 필요한 거지. 저번에 텔레비전에 나온 달인들을 생각해 봐. 오랜 훈련을 거쳐 그런 경지에 오른 거잖아?"

아까부터 아무 말 없이 공책에 뭔가를 적고 있던 누나가 불쑥 끼어들었습니다.

"그럼 아저씨의 꿈은 달인이 되기까지의 과정인가?"

선우가 혼자 중얼거리는 말을 들으셨는지 아저씨는 선우를 쳐다보고는 가만히 웃으셨습니다. 선우는 둘만의 비밀이 생긴 것 같아 묘한 기분이 들었습니다.

날은 어느새 어둑어둑해져 땅거미가 내리고 있었습니다.

"앗! 너무 늦어 버렸다. 엄마 아빠가 걱정하시겠어요. 그만 돌아가 봐야 할 것 같아요. 아저씨, 다음에 또 올게요."

"그러렴, 언제든지."

아저씨는 다시 평온한 모습이 되어 선선히 대답했습니다.

"딱 한 가지만 물어보고 갈게요. 왜 사람들이 아저씨를 두루 아저씨라고 불러요?"

"글쎄다, 아마 어릴 적부터 여기저기 돌아다니면서 보통 사람들이 흔히 해 보지 못한 경험을 두루두루 해 봐서 그런가 보다. 자기가 실제로 겪은 일은 아무래도 생생하니까."

4 소잡이 할아버지 이야기

이모가 예은이 누나를 선우네로 보낸 데에는 엄마랑 철학에 관한 이야기를 나누게 하려는 생각도 있었던 것 같습니다. 어렸을 때부터 책 읽는 것을 좋아했던 예은이 누나는 요즘 들어 부쩍 철학책을 손에서 놓지 않는다고 합니다.

이모는 예은이 누나가 책을 읽는 것은 좋은데, 뭐든 당연하게 생각하지 않고 비판적으로 보거나, 자기 생각에만 깊이 빠져 다른 사람의 말은 들은 척을 하지 않는 것이 문제라고 합니다. 이모의 표현을 빌리자면 '요즘 예은이가 삐딱선을 타는 것 같다'는 겁니다.

선우네 엄마는 서울에 있을 때 아이들에게 철학을 가르쳤습니다. 그런데 이곳에 와서는 도무지 예은이 누나를 위한 철학 수업 같은 데는 관심이 없는 것 같습니다. 그보다 날마다 밭에서 새로운 채소를 뜯어 와 식탁을 꾸미는 것에 많은 시간을 보내십니다.

"아침마다 뜯어도 매일 먹을 수가 있어. 다음 날이면 다시 쏘옥 올라와 있는 거야!"

엄마는 어린애처럼 좋아했습니다.

"무슨 철학 선생님이 그래요? 엄만 여기 와서 요리 선생님이 된 것 같아."

선우가 맞받아쳤습니다. 그래도 엄마는 싱글벙글이십니다. 서울에 있을 때는 매일 밤늦게까지 머리를 쥐어뜯으며 글을 쓰더니 요새는 모든 일을 제쳐 둔 채 밭에서 난 것들을 가지고 요리조리 무치고 데쳐서 새로운 음식 만들기에 한창 재미가 나 있습니다. 얼마 못 가겠지 싶었는데 이번엔 꽤 오래 가네요.

누나가 와 있으니 불편한 점도 있지만 선우, 정우에게 좋은 점도 많았습니다. 일단 엄마의 간섭이 느슨해졌습니다. 전에는 놀러 나갔다가도 정해진 시간이 되면 꼭 들어와야만 했습니다. 그런데 누나가 온 이후로 엄마는 누나와 같이 나가는 한 어딜 가는지, 무얼 하러 가는지 거의 묻지 않았습니다. 진짜 방학다운 방학을 즐길 수 있게 된 거죠. 아이들은 참새가 방앗간 드나들듯 틈만 나면 뒷산에 올랐습니다.

신기한 것은 예은이 누나였습니다. 움직이기 싫어하는 성격인 줄 알았는데 '산에 갈까?' 한 마디면 얼른 노트를 챙겨 들고 따라 나섰습니다. 가장 달라진 점은 부쩍 수다스러워졌다는 것입니다. 아저씨를 처음 만나던 날은 자기 이야기는커녕 질문도 별로 하지 않더니, 몇 번인가 아저씨한테 놀러 갔다 온 후로는 산에만 가면 묻지도 않은 말을 먼저 재잘거립니다. 오늘도 그랬습니다.

"저희 학교에서는 도덕 시간에 토론 수업을 해요. 주제는 선생님께서 사회적 이슈가 되고 있는 것으로 내주시기도 하고 저희들이 정할 때도 있어요."

"보기 드문 기회구나. 재미있니?"

"저는 재미있는데요, 싫어하는 애들도 있어요. 어떤 애들은 시험 보는 것보다 토론하는 게 더 어렵대요. 선생님이 찬성인지 반대인지에 따라 점수를 주시는 것이 아니라 얼마나 제대로 된 근거를 가지고 조리 있게 말하느냐에 따라 점수를 주시거든요."

"뭘 가지고 토론을 하는데?"

선우가 물었습니다.

"이것저것. 지난번에는 트랜스젠더 문제를 가지고 토론을 했었어. 근데 정말 재밌는 건 말이야. 우리 반에서는 트랜스젠더를 긍정적으로 보는 애들과 부정적으로 보는 애들이 반반으로 나뉘어서 팽팽하게 맞섰거든? 그런데 다른 반 애들은 거의 대부분이 부정적으로 봐서 토론이 싱겁게 끝났대."

"트랜스 뭐? 그게 뭐야?"

정우가 갸우뚱거리며 물었습니다.

"남성이나 여성의 신체를 지니고 태어났지만 자신이 반대 성의 사람이라고 생각하는 사람들이야. 네가 알려면 한참 더 커야 한단다."

누나는 정우의 뺨을 가볍게 두드리며 말했습니다.

"왜 그렇게 이상한 주제를 가지고 토론을 해?"

선우는 볼멘소리로 물었습니다.

"이것저것 다양하다니까. 제일 끔찍했던 건 채식주의에 대한 토론이었어."

"뭐? 채식주의가 왜 끔찍해?"

선우가 또 물었습니다.

"채식주의가 끔찍한 게 아니라 채식주의를 지지하는 애들이 보여 준 영상이 너무 끔찍했어, 으……."

누나는 몸을 부르르 떨었습니다.

"요즘 채식주의 인터넷 카페에서 자동 도축 동영상이 유행이래요. 그래서 그것을 참고 자료로 돌려서 보기로 했거든요? 친구 몇 명이랑 같이 친구 집에서 봤는데, 통 속에다 소를 집어넣고 막 돌리는 거예요, 으으…… 소를 대량으로 사육하는 나라에서는 일일이 한 마리씩 잡기 힘드니까 그렇게 자동 기계 안에 넣나 봐요. 그날부터 한동안은 그 장면이 생각나서 도저히 고기를 못 먹겠더라고요."

누나는 금방이라도 토할 것 같은 표정이었습니다. 그러나 이내 가라앉으며 말을 이었습니다.

"하지만 저희 반에서는 채식주의에 반대하는 의견도 많이 나왔어요. 저도 물론 동물을 마구잡이로 죽이는 것은 반대예요. 불필요한 동물 실험을 금지하자는 주장도 수긍이 가요. 또 육류를 최소화하는 식단으로 육류 소비를 줄여 나가자는 것에도 동의할 수 있어요. 하지만 채식주의자들이 육식을 하는 사람들을 다짜고짜

범죄자 취급하는 것은 정말 이해할 수 없어요. 그건 아주 오랫동안 형성되어 온 습관 아니에요? 그리고 사실 고기를 주식으로 하는 건 서양 사람들이지, 아시아 사람들은 원래 쌀과 채소를 주로 먹었잖아요? 선생님이 그러시는데 옛날에는 큰 잔치가 있어야 소를 잡았대요. 그리고 소 한 마리를 잡으면 온 마을 사람들이 나누어 먹었다던데요."

누나가 하도 열변을 토해서 선우는 끼어들 수가 없었습니다. 사실 아는 것도 없었어요. 그러니 정우는 더욱더 알아듣지 못했을 겁니다. 누나에게 저런 면이 있었네요.

"어렸을 적 우리 동네에는 대를 이어서 백정 노릇을 해 온 할아버지가 있었단다."

누나의 이야기를 가만히 듣고 있던 아저씨가 이야기를 시작했습니다.

"백정이 뭐예요?"

누나의 이야기에 멀뚱해져 있던 정우가 물었습니다.

"뭐긴 뭐야? 소도 잡고 돼지도 잡고 하는 사람 말이지."

누나가 냉큼 대답하자 아이들은 온 얼굴을 찌푸리며 질색을 했습니다.

"어우, 끔찍하다. 어떻게 소를 잡지?"

"야~ 그렇게 생각하는 것도 잘못이야. 소를 잡아 주는 사람이 없으면 어떻게 바비큐 파티를 하겠니? 너 지난주에 고기 구워 먹을 때 제일 신이 나서 먹었잖아? 먹을 때는 맛있게 먹으면서, 잡는 사람은 끔찍하게 느껴지냐?"

이번에도 아저씨는 긍정도 부정도 하지 않은 채 그저 무덤덤한 표정이었습니다.

"알았어, 알았다고……."

누나가 이렇게 발끈할 때는 물러서는 게 제일 좋습니다. 하지만 선우는 속으로 '그래도 너무 끔찍하다. 어떻게 살아 있는 소를 잡는담?' 하고 생각했습니다. 그렇게 고기를 좋아하면서도 이제까지 한번도 그 고기가 어떻게 만들어지는지는 생각해 보지 않았습니다. 선우는 무섭게 생긴 아저씨가 머리를 풀어헤친 채 시퍼런 칼로 소를 찌르면, 소가 피를 흘리면서 울부짖는 모습을 떠올렸습니다. 그러자 정우처럼 밤에 해괴한 꿈이라도 꾸게 될까 봐 무서워졌습니다.

"소를 죽일 때 소가 비명을 엄청 지르겠지요?"

선우는 얼굴을 찡그리며 말했습니다. 머릿속으로만 생각하고 있던 말이 저도 모르게 튀어 나오고 말았지요. 하지만 아저씨는 가볍게 미소를 지으며 말했습니다.

"내가 보았던 할아버지는 조용히 한 번에 보내더구나. 원래 소 잡는 장면은 아이들에게는 말할 것도 없고 어른들에게도 잘 보여주질 않아. 그런데 그날은 동네에 큰 잔치가 벌어지는 날이어서 마을 어르신들 몇 분이 참관을 했지. 난 미리 큰 나무 위에 몰래 올라가 있다가 숨을 죽이고 소 잡는 광경을 지켜봤어. 꽤나 가까운 곳이었는데도 사람들은 소 잡는 모습에 정신이 팔려 어린애가 나무에 올라가 있을 거라고는 꿈에도 생각지 못했지."

"아저씨 혼자서요? 무섭지 않았어요?"

"생각해 보면 분명히 끔찍한 장면인데도 불구하고 그땐 전혀 그렇게 느껴지지 않았어. 마치 장엄한 의식이라도 치르듯 사람들은 숨죽여 지켜보고 있었지.

내성적이었던 내가 나무를 탈 결심까지 한 것은 사실 그 할아버지 때문이었어. 오래전부터 백정은 가장 천한 직업으로 여겨졌기 때문에 마을 사람들은 그들과 이야기를 섞는 법이 없었지. 그런데 그 할아버지만큼은 사람들로부터 존경까지는 아니라도 말없이 인정을 받고 있었어. 지나다가 그 할아버지와 눈이 마주치면 가볍게 고개를 숙여 인사를 하는 사람들도 더러 있었지. 어린 나는 할아버지의 슬프면서도 담담한 모습에 왠지 끌렸어. 그래서 졸졸 따라다니곤 했지."

무슨 말인지 알 것 같기도 했습니다. 아이들이 아저씨를 따라 다니는 것도 누가 시켜서 하는 일이 아닙니다. 아저씨에 대해 잘 알고 있는 것도 아닙니다. 하지만 어쩐지 아저씨에게 올 때면 이야기를 털어놓든 아저씨로부터 이야기를 듣든 뭔가 뿌듯하게 채워지는 느낌이 들었고 반대로 시원하게 뚫리는 느낌이 들기도 했습니다. 그게 아이들이 자꾸만 아저씨를 찾게 되는 이유인 거죠.

"소는 체념한 것처럼 보였어. 슬픈 눈으로 미동도 없이 서 있었지. 그런데 할아버지의 눈도 소와 똑같이 슬픈 빛을 띠고 있는 것 같았어. 이건 착각이었는지도 몰라. 삶과 죽음이 갈리는 순간, 마치 서로 눈빛을 주고받으며 살며시 미소를 짓는 듯한 느낌마저 들었다니까. 할아버지는 일단 정수리를 한번 쳐 소를 단숨에 보낸 다음 해체를 하기 시작했어. 자그마한 몸으로 한쪽 어깨로는 소를 받친 상태에서 큰 덩어리를 가르고, 무릎으로 버티고는 뼈와 근육이 이어진 곳을 조심스럽게 해체하고 쇠가죽과 살을 발라 나갔지. 할아버지가 천천히 움직이면서 칼을 밀어 넣고 빼낼 때마다 쉬익

~ 샹~ 하는 소리가 났어. 그런데 그 소리가 마치 음악 소리처럼 아름다웠어. 칼이 뼈에 닿거나 근육이 끊기고 살이 베어진다면 퍽 퍽 둔탁한 소리가 날 텐데 말이야. 할아버지가 칼을 부드럽게 집어넣을 때마다 살과 기름, 뼈와 가죽이 제풀에 지쳐 떨어지듯 스르륵 나뉘어졌지. 소가 해체되는 과정과 할아버지가 칼을 놀리는 모습이 하나가 되어 흐르고, 지켜보던 사람들도 연주회의 청중이 된 듯 숨도 크게 쉬지 않고 그 광경을 지켜보았어. 지금 생각해 보면 장엄한 미사곡 같기도 하고 고요한 밤 가냘픈 음색의 한줄기 청성곡 같기도 한 음악, 한없이 되풀이될 것만 같은 음악……."

"애들이 그러는데 죽을 것을 미리 알고 버티는 소도 있대요. 목줄을 끊고 도망가기도 하고요. 이런 소는 성이 나 있기 때문에 사람들을 들이받기도 한대요. 그 할아버지한테는 무슨 비결이 있었을까요?"

분위기를 깨며 누나가 끼어들었습니다. 다른 세상에서 둥둥 떠다니다가 갑자기 땅바닥으로 확 내동댕이쳐지는 듯한 느낌이 들었습니다.

"아닌 게 아니라 동네 어르신 한 분이 그 광경에 푹 빠져 들어 할아버지가 천한 백정이라는 것조차 잊어버리고 이렇게 물었지.

'어떻게 이런 경지에까지 이르게 되셨소? 정말 놀랍군그래. 비결이 있으면 일러 주지 않으시겠소?' 그랬더니 할아버지의 대답은 이랬어. '배운 게 이 일이고, 누가 되었든 해야 할 일이니 할 뿐이오. 천한 백정에게 무슨 비결이랄 것이 있겠소. 다만 한평생 수천 마리의 소를 풀었으니 나름대로 겪어온 일이 있긴 하지요. 처음에는 소 앞에 딱 서면 거대한 산 앞에 선 것처럼 어디서부터 손을 대야 할지 막막하기만 했소. 오로지 소 몸뚱이밖에 보이는 게 없습디다. 그러다 한 3년쯤 지나자 소의 겉모습이 아닌 소의 속 안을 들여다볼 수 있게 되었소. 이제는 소를 만날 때 더 이상 눈으로 보는 법이 없고 마음으로 만납니다. 소의 생김새에 대한 지식이나, 어떻게 풀어야겠다는 생각은 모두 잊고, 오로지 마음 가는 대로 칼이 노는 대로 따라갈 뿐이오.'"

누나는 아까의 질문에 대한 대답을 얻었는지 못 얻었는지 뭔가를 잔뜩 써 놓은 공책을 잠시 덮고 먼 산만 바라보았습니다. 정우는 알아들었는지 못 알아들었는지 이야기를 듣는 내내 아저씨 얼굴만 뚫어지게 쳐다보고 있었죠. 선우는 아저씨를 다시 바라보았습니다. 그때 뭔가가 어른거리는 것이 보였습니다.

5 사람, 동물, 나무와 풀의 마음이 서로 통하는 세상

"어? 애네들 좀 봐?"

아이들이 아저씨의 이야기에 정신이 팔려서 밝은 대낮에 단체로 소잡이 할아버지 꿈을 꾸고 있는 사이 아저씨 주변에는 다람쥐, 산새들과 같이 조그만 숲 속 동물들이 옹기종기 몰려들어 있었습니다. 한 녀석은 아저씨 무릎 위까지 올라가서는 이야기를 들으려는 듯 귀를 쫑긋거렸습니다.

"청설모다!"

누나가 신기한 듯이, 하지만 최대한 목소리를 줄여 나지막하게 소리쳤습니다. 푸르스름한 빛을 띠는 몸과 그에 비해 유난히 길고 풍성한 꼬리가 정말 일반 다람쥐와는 달라 보였습니다.

　수런거리는 기척이 느껴지자 무릎까지 올라가 있던 다람쥐 사촌 같은 녀석이며 아저씨 어깨 위에 앉아 있던 산새들까지 모두 자리를 뜨기 시작했습니다. 그렇지만 서두르는 기색은 전혀 없이 다들 천연덕스러웠습니다.

　"아저씨의 이야기를 듣고 있었나 봐."

　"새랑 다람쥐가 어떻게 사람 말을 알아듣니?"

　정우의 말에 누나가 약간 자신 없는 목소리로 중얼거렸습니다.

　"그럼 왜 여기까지 와 있었겠어? 난 이런 일 처음이야. 산에 오르다가 청설모를 본 적은 있지만 약간의 부스럭거리는 소리만 나도 다 도망가 버리던걸."

　선우가 신이 나서 대꾸하자 누나가 말했습니다.

　"이런 걸 바로 '사람과 만물이 하나 되는 경지'라고 하나 보다. 그동안 '물아합일'이라는 말을 많이 들어 보았지만 난 그냥 책에나 나오는 이야기라고 생각했었는데, 어떻게 이런 일이 진짜로 일어날 수 있지?"

"하나도 신기할 게 없단다. 사람 마음속에 해치려는 뜻만 없다면 어느 때고 있을 수 있는 일이야. 요즘처럼 사람이 자연과 선을 긋고 모든 것들을 사람의 쓸모에 따라 이용할 대상으로만 바라보기 전에는 모두 사이좋게 어울려 살았지. 오늘 너희들 마음속이 유난히 투명했던 모양인데? 이 녀석들이 이렇게 한꺼번에 찾아와 주고, 하하하!"

아저씨는 아이들이 어리둥절해하는 모습이 재미있는지 웃음을 터뜨리셨습니다.

"하지만 사람이 어떻게 동물들과 말이 통해요?"

누나는 아직도 뭔가 시원스럽지 않은 듯 되물었습니다.

"말로 표현해야만 마음이 통할까?"

"꼭 그렇지만은 않은 것 같아요. 우리 할머니가 그러셨는데요, 화초를 키워 보면 화초가 사람 마음을 아는 것처럼 느껴진대요. 화가 잔뜩 나서 대하면 자기들도 시무룩해하고, 밝은 마음으로 대하면 잎을 한껏 흔든다나요? 믿거나 말거나지만요. 그리고 어떤 때는 화초가 말을 하는 것처럼 느껴지기도 한대요. 아침에 일어나가 보면 어떤 녀석은 '잘 잤어요?' 하면서 활짝 웃기도 하고, 어떤 녀석은 '나 아파요' 하고 끙끙거리기도 한다네요."

선우는 할머니의 기억을 떠올리며 말했습니다.

"그럴 수도 있겠지. 얼마 전에는 이구아나와 대화를 한다고 자신하는 친구도 봤으니까."

누나는 여전히 뭔가 만족스럽지 않은 표정으로 비꼬듯 말했습니다. 아저씨는 아이들의 이야기에 대해 아무 말도 하지 않고 슬며시 화제를 돌렸습니다.

"그건 그렇고 말이야. 사람들끼리도 말로 뜻을 다 전달할 수 있을까? 너희들은 말에 담을 수 없는 뜻에 대해 생각해 본 적이 있니?"

"전 만날 생각은 많은데 뭐라고 말해야 할지 모를 때가 많아요."

"야, 그건 네가 아직 어리니까 말을 제대로 할 줄 몰라서 그런 거야."

정우의 말에 선우가 쿡쿡 웃으며 말했습니다. 아이들이 장난말을 주고받는 동안 예은이 누나는 한껏 심각한 표정으로 뭔가를 골똘히 생각하더니 말했습니다.

"말에 뜻을 다 담을 수 없는 경우가 많아요. 한두 마디 말로는 도저히 제가 느낀 것을 다 표현하기 어려운 경우는 뭐 셀 수 없이 많고요. 또 어떨 때는 말이 제 뜻과는 정반대로 튀어나올 때도 있어요."

"예를 들면?"

아저씨의 눈이 반짝였습니다.

"예를 들면…… 엄마와 싸울 때요."

망설이던 누나가 말을 일단 내뱉고 나자 봇물처럼 이야기가 터져 나왔습니다.

"엄마가 화가 나서 '너 때문에 내가 못살아! 넌 도대체 언제 철이 들래?' 이렇게 소리를 지르면 저도 엄마한테 상처가 될 말들만 골라서 마구 쏘아붙여요. '누가 날 낳아 달라고 했어? 난 엄마가 제일 싫어' 하고요. 사실은 이보다 훨씬 심하게 말하지만…… 지금은 이야기 안 할래요. 그런데 이상한 것은 말이에요, 마음이 가라앉고 나면 엄마가 했던 말의 전혀 다른 의미가 마음속에서 들리는 거예요. 좀 전에 제가 화가 나서 했던 말대꾸에도 다른 의미가 있었다는 것을 알게 되고요."

누나는 단숨에 여기까지 말하고 나서 잠시 쉬었다가 다시 말을 이었습니다.

"엄마는 '너 때문에 내가 못살아'라고 말했지만 사실은 '예은아, 사랑해. 엄마 이야기에 귀를 좀 기울여 주지 않을래?'라고 간절하게 바라고 있는 거예요. 난…… 모든 것을 엄마 탓으로 돌리

고 엄마가 속상해할 말만 골라서 하지만 사실은 '엄마, 제발 날 좀 이해해 주세요'라고 말하는 거고요. 한편으로는 학교생활과 친구들에 관한 일들 그리고 제가 느끼고 생각하는 것들을 엄마랑 이야기하고 싶기도 하고, 한편으로는 바깥일과 집안일로 힘들어하는 엄마한테 도움이 되고 싶기도 해요. 그런데 왜 말은 그렇게 사납게 나가는지 모르겠어요. 하기는 뭐, 엄마는 제가 말을 안 하고 입을 꾹 다물고 있을 때가 더 걱정이래요."

"어이쿠, 이거 너무 많이 나갔구나. 예은이가 말 너머의 본래 마음에 귀를 기울여 보았다는 것이 중요하지 않을까?"

아저씨는 흥분한 누나를 진정시키려는 듯 차분하게 말씀하셨습니다.

"맞아요. 엄마는 세상 누구보다도 저를 잘 아는 분이고, 사실 저도 엄마 마음을 잘 아는데 왜 이렇게 말이 꼬일까요?"

누나는 엄마에게 미안해서 그런지 눈물을 글썽이며 풀이 죽은 채 말했습니다.

"말 너머의 본래 마음을 말로 표현하기가 어디 쉬운가? 사람과 동물 사이만 통하기가 어려운 것이 아니라, 사람과 사람 사이에서도 마음이 후련히 통하기란 그리 쉬운 일이 아니야."

"그렇다면 차라리 말이 없는 편이 나을지도 모르겠어요."

"말로 뜻을 다 표현할 수 없다고 해서 말이 필요 없는 것은 아니야. 우리에게 말은 뜻을 담는 소중한 도구란다. 말에 뜻을 모두 담을 수 없다는 것을 알았다면 그만큼 더 말을 조심스럽게, 공들여 써야 하겠지. 본래의 뜻을 제대로 담을 수 있도록 말이야. 그러다 보면 서로 마음이 통하는 날이 오겠지. 언어가 서로 다른 동물들과도 통할 수가 있는데 왜 그런 날이 오지 않겠니? 마음이 하나로 통했을 때의 기쁨은 이루 헤아릴 수 없단다."

아저씨가 말을 마치자 아이들은 저마다 이런저런 생각에 잠겨 있었습니다. 속에 있던 말을 뱉어 놓고 나니 조금은 후련해진 듯 예은이 누나의 얼굴이 눈에 띄게 밝아졌네요. 이윽고 아저씨가 말했습니다.

"그만 가 봐야겠다. 오늘은 아저씨가 다녀올 데가 있거든."

아이들은 산을 내려오면서 서로 아무 말도 하지 않았습니다. 문득 하늘을 올려다보니 하늘이 유난히 파랗고 높았습니다.

양생에 대하여

《장자》의 세 번째 편은 〈양생주〉라고 해요. '생명의 주인을 기른다' 는 뜻인데, 여기에 나오는 가장 유명한 이야기가 앞에서 각색해 들려 준 소 잡는 할아버지 이야기랍니다.

〈양생주〉에는 신기한 솜씨로 소를 잡는 백정이 등장합니다. 이 할아 버지가 소를 해체하는 것을 지켜보고 있던 임금님이 '나는 백정을 보고 양생의 도리를 알았다'고 감탄해요. 이상하지 않아요? 양생과 소를 잡는 것이 도대체 무슨 연관이 있다는 것일까요?

생명의 주인을 기른다는 것, 자기 삶을 잘 가꾸어 간다는 것이 과연 무엇일까를 곰곰이 생각해 보면 답을 조금은 알 수 있을 거예요.

생명을 기른다는 것이 잘 먹고 건강하게 오래 사는 것이라고만 생각 하는 사람들도 있어요. 하지만 장자는 생명을 잘 기르려면 단지 눈에 보이는 몸만 잘 길러서는 안 된다고 생각했던 것 같아요. 눈에 보이 지 않는 마음도 활기차고 충실하게 될 수 있어야 생명을 잘 기르는 것이라고 생각했던 것이지요. 그렇다면 마음이 활기차고 충실하게 되는 것이 무엇이냐고요?

혹시 여러분은 어떤 일을 열심히 하다 보니 그 일이 조금씩 좋아지고 차츰 익숙해져서 결국 자유자재로 할 수 있게 되었던 경험을 가지고 있나요? 수영도 좋고, 자전거 타기도 좋아요. 어떤 일을 자유자재로 할 수 있게 되면 시원스럽고 상쾌한 마음이 생겨나지 않나요?

만약 그런 일이 있었다면 그 경험을 토대로 소잡이 할아버지가 이른 경지를 한번 생각해 보세요. 그는 천하디 천한 백정이었지만 자기 일에 몰두하여 그 일만을 생각하면서 평생을 살아왔습니다. 그래서 그는 자기 자신의 신분에 대한 원망이나 한탄도 잊고, 임금님 앞에 있다는 것조차 잊고 자유자재로 칼을 놀릴 수 있었어요. 그 결과 도저히 이 세상 사람의 솜씨라고는 믿어지지 않는 귀신 같은 솜씨로 사람들을 감탄하게 만들 수 있었던 거지요.

이건 할아버지가 태어날 때부터 가지고 있었던 것이 아니라 자세히 관찰하고 꾸준히 연습하고 성실히 반성하는 노력을 되풀이함으로써 얻어진 결과예요.

이번에는 반대로 조바심이나 남을 이기려는 마음, 야단맞아 잔뜩 주눅 든 마음 때문에 괴로워해 본 경험이 있나요? 이럴 때는 맛난 것이 있어도 맛있지가 않고, 몸도 편안하지 않아 병이 나기도 하지요. 보

이지 않는 마음이 쭈그러들어 있으면 눈에 보이는 몸에도 영향을 줘요. 그런데 주어진 일에 집중하여 잘 이루어 냈을 때에는 마음이 상쾌하고 뿌듯하여 먹지 않아도 절로 배부른 듯한 느낌이 들잖아요. 그리고 이런 경험이 더욱 깊어지면 자기가 열중하고 있는 일 자체가 즐거워서 다른 욕심은 전혀 생기지 않는 순간을 만나게 돼요. 이러한 찰나를 순수한 자기 자신과 만나는 순간이라고 할 수 있겠지요.

현대는 물질이 풍요로운 사회라서 사람들이 예전만큼 땀 흘려 일을 하지 않아도 돼요. 그래서 갈수록 사람들은 빠르고 쉬운 길만 찾지요. 그러다 보니 주어진 일에 쉽게 싫증 내고 노력하는 습관이 부족하다고 해요. 이런 생활 방식이 현대인의 병을 야기한다는 이야기도 있고요.

《장자》의 〈천지〉에는 채소밭을 가꾸는 할아버지 이야기가 나옵니다. 어떤 할아버지가 물동이를 이고 힘들게 채소밭에 물을 대고 있습니다. 그것을 보고 지나가던 사람이 펌프의 원리를 이용해서 자동으로 물을 대면 편할 텐데 왜 어리석게 고생을 하느냐고 합니다. 그랬더니 할아버지는 이렇게 대답해요.

"내가 그것을 쓸 줄 몰라서 쓰지 않는 것이 아닙니다. 기계를 이용해 거저 되기를 바라는 마음을 한번 가지게 되면 순수한 마음을 영영 잃게 됩니다. 힘들여 가꾸어 고생한 보람을 얻고자 하는 마음을 한번 잃어버리면 다시는 평온한 마음으로 세상을 살아갈 수 없습니다."

오늘날 우리들이 사용하고 있는 기계를 다 강물에 버리거나 기껏 만들어 놓은 댐이나 도로, 공적 자원들을 부수거나 못쓰게 만들자는 말이 아니에요.

설마 여러분들 가운데 이 이야기를 그런 식으로 오해한 사람은 없겠지요? 이 이야기를 통해 장자는 노력은 하지 않고 거저 되기를 바라는 마음이 자꾸 자라나면 세상이 걷잡을 수 없게 돌아갈 수 있다는 것을 걱정하고 있는 거예요.

오늘날 인류가 부딪힌 환경의 위기가 이러한 우려를 잘 보여 주지요. 반대로 주어진 생명의 원리에 맞게 몸과 마음을 움직여 나가는 사람들은 자연의 흐름에 맞게 살 수 있어요.

아무리 크고 위대한 일도 작은 일에서부터 시작됩니다. 예를 들어 일회용품이 편리하긴 하지만 환경을 해칠 수 있으니 조금 수고스럽더라도 씻어서 쓰자고 돌이킬 수 있는 사람, 힘들긴 하지만 쓰레기를 잘 분류하여 버리면 불필요한 오염을 줄일 수 있다는 것을 알고 분리수거의 습관을 들이는 사람이라면 아마도 편리한 것만을 추구하는 마음을 돌이켜 나와 전체의 생명을 길러 주는 마음을 차츰 회복해 나갈 수 있지 않을까요?

3

진짜 달인을 만나다

 완전히 통달하여 아무런 허물이 없는 데까지 이르게 하라

—《장자》

1 할배산으로, 즐거운 산행

아저씨는 아이들이 갈 때마다 새로운 이야기를 들려주셨습니다. 그런 아저씨 때문일까요? 누나는 방학이 끝나가는 것을 아쉬워하면서 더 자주 산에 가고 싶어 했습니다.

처음에는 좀 삐걱거렸던 아이들도 제법 호흡이 잘 맞는 팀이 되어 갔고, 누나의 비밀 노트에는 점점 더 많은 이야기들이 담기게 되었습니다. 어쩌면 선우와 정우의 행동을 낱낱이 기록하고 있을지도 모르지만요. 특히 선우는 누나의 비밀 노트가 궁금해 죽을 지경입니다. 하지만 누나는 절대 비밀 노트를 볼 틈을 주지 않습니다.

며칠 전 아저씨가 아이들에게 물었습니다.

"내가 며칠 휴가를 받았는데 너희들 아저씨랑 같이 할배산으로 캠핑 갈래?"

"할배산이오?"

"왜 이 동네가 할배나무골이라고 불리게 되었는지 아직 몰랐나 보구나. 모레부터 쉬는 날인데 한 이틀 산 위에 올라가 있을까 생각 중이거든. 돌봐야 할 것도 있고, 찾아뵐 분도 있고 해서. 따라가고 싶으면 부모님께 말씀드려 보렴."

아저씨는 방학이 끝나가는 것을 아쉬워하는 아이들의 마음을 이미 알고 있었나 봅니다. 얼마 전 선우가 이제 개학을 하면 자주 찾아 올 수 없을 거라 투덜거리자 아저씨는 재미있는 일을 궁리하듯 살며시 미소를 지으셨거든요.

아이들은 산에서 내려오자마자 엄마 아빠를 졸랐습니다.

"엄마~ 아빠~ 진짜 가고 싶단 말이에요. 똑똑한 예은이 누나도 있고, 아저씨도 있으니까 걱정하지 않으셔도 되잖아요. 네? 가게 해 주세요~."

선우는 계속 엄마와 아빠에게 어리광을 피웠지만 아빠는 꿈쩍도 하지 않으셨습니다.

"안 돼. 아무리 그래도 그렇지, 너희는 아직 어려. 아저씨 혼자 너희 셋을 어떻게 감당하니? 더 이상 조르지 말고 어서 가서 잠이나 자."

"여보, 자연스럽게 공부도 되고 좋잖아요. 그 아저씨가 위험한 분도 아니고. 산을 잘 아는 분이니 애들한테도 훨씬 좋을 거예요. 자연 공부 시킨다 생각하고 애들 하고 싶은 대로 하게 해요."

역시 엄마는 아이들의 편입니다. 선우는 갑자기 엄마가 매우 좋아졌습니다. 나중에 엄마한테 효도를 듬뿍 해야겠어요. 엄마의 말씀에 아빠는 한참을 생각하시더니 결국 허락해 주셨습니다.

"그래, 뭐 너희들 요새 운동도 많이 못했는데 가서 운동이나 실컷 하고 와라."

"와~ 감사해요, 이모부! 제가 선우랑 정우 안 다치고 말썽 안 부리게 잘 보살필게요."

조용히 있던 예은이 누나도 매우 기뻤는지 얼굴이 빨개지며 좋아했습니다.

드디어 할배산으로 떠나는 날, 선우는 작은 스케치북을, 누나는 늘 가지고 다니는 비밀 노트를 챙겨 출발했습니다.

아저씨는 산길을 평지를 걷듯 걸었습니다. 하지만 조금도 서두르는 기색 없이 우리의 보조에 맞춰 걸었기 때문에 처음에는 전혀 알아차리지 못했습니다. 아저씨는 선우를 앞장세우고 그 다음에 예은이 누나와 정우를 사이에 둔 채 뒤를 따르셨습니다. 어저씨는 길을 알려 줘야 할 때만 눈 깜짝할 사이에 앞쪽으로 나와 방향을 일러 주셨습니다.

"헉헉, 잠시만…… 잠시만…… 좀 쉬어…… 헉……, 왜 이리 힘드냐."

걷다가 좀 쉬어 가자고 지친 목소리를 내는 사람은 언제나 선우였습니다.

"야, 뭐가 힘들다고 그래? 그게 전부 다 너의 그 살 때문이야. 그 살들이 출렁이니 얼마나 힘들겠니?"

정말 선우의 가슴에 칼을 꽂는 말입니다. 기분은 나쁘지만 사실인 것 같아요. 살이 찐 후 너무나 쉽게 지치니까요. 조금만 움직여도 땀이 비 오듯 한다니까요.

"흥! 아니야~ 자, 출발~!"

그러나 금세 원기를 회복하여 '출발~' 소리를 외치는 것도 선우였습니다. 예은이 누나는 집 안에서는 움직이기를 싫어했는데 밖에 나오니 잘 걸었습니다. 아파트 단지에서 아침마다 배드민턴을 치면서 다져진 체력이라고 자랑까지 덧붙였습니다.

놀라운 것은 정우였습니다. 아빠는 어린 정우를 많이 걱정하셨는데 아빠의 걱정과는 달리 정우는 자기가 마실 물과 수건을 넣은 조그만 배낭까지 멘 채 힘들다는 소리 한번 하지 않고 토닥토닥 산을 올랐습니다.

"와~ 시원한 바람이 땀을 식혀 주네."

꼬맹이 정우가 팔을 쭉 뻗으며 씩씩하게 외쳤습니다. 아닌 게 아니라 한줄기 바람이 땀에 젖은 옷 사이로 휙 불어 들어왔습니다.

아저씨가 쉬자고 하는 곳은 모두 경치도 아름답고 앉을 만한 자리도 있어 쉬어 가기에 딱 좋은 곳이었습니다. 이번에 쉬어 가기로 한 곳에는 냇물이 졸졸 흐르고 있었습니다. 우리는 냇물에 놓여 있는 큼직한 돌들 가운데 각자 마음에 드는 돌을 골라 옹기종기 둘러앉았습니다. 선우와 정우는 벌써 양말을 벗고 발을 담그려는 참입니다.

"읏! 차가워. 와~ 진짜 시원해. 누나~ 빨리 누나도 발 담가 봐."

누나는 서두르지 않고 느릿느릿 자리를 골라 앉더니 새끼손가락부터 차례로 물에 담그며 말했습니다.

"물이 흘러가는 것을 보고 있으면 참 신기하지 않니? 여기저기 부딪혀도 깨지지 않고 다시 순순히 제 길을 찾아 한없이 흘러가니 말이야."

선우는 손가락을 벌려 냇물을 이리저리 저으며 손가락 사이에서 살짝 버티다가 어느새 스르륵 빠져나가는 물살을 느껴 보았습니다. 정우도 두 발을 탁탁 부딪쳐 물방울이 튀어 오르는 모양을 보며 혼자 놀기 시작했습니다.

"사람도 물처럼 살 수 있으면 좋겠지?"

아저씨의 부드러운 목소리가 들려왔습니다. 아니, 어쩌면 아이들의 마음속에서 들려온 소리였는지도 모르겠습니다.

어느새 산장에 도착했습니다. 작고 아담한 산장이었습니다. 원래 산장을 지키는 사람이 살고 있는데 오늘은 마을에 내려가고 없다고 합니다.

여름이라 불을 땔 일이 없어 다행이었습니다. 요즘은 어느 곳이나 전기가 들어오지 않는 데가 없습니다. 아이들은 짐을 풀고 걸레를 찾아다가 잠자리를 닦았습니다. 주변을 대충 정리한 후 엄마가 싸 주신 저녁밥을 먹고 밖으로 나왔습니다.

산 위에서는 해가 금방 지나 봅니다. 하늘은 어느덧 깜깜해졌고, 산 아래에서는 볼 수 없었던 멋진 풍경이 펼쳐졌습니다. 밤하늘에는 셀 수 없이 많은 별들이 반짝입니다. 마치 구멍 뚫린 까만 우산을 통해 햇빛을 보듯, 쏟아질 듯 빛을 발하는 별들이 하늘 공원에 보석처럼 총총 박혀 있었습니다.

"하늘이 전부 까만색이네, 파란색이 아니라……."

정우가 신기한 듯 하늘을 계속 쳐다보면서 말했습니다. 서울에서는 밤하늘을 볼 일이 없었습니다. 설사 밤하늘을 올려다본다고 해도 공기가 좋지 않고 밤새도록 밝혀 놓은 불빛 때문에 놓아 별이 잘 보이지 않습니다.

"원래 하늘은 파란색이야? 아니면 까만색이야?"

정우가 고개를 한껏 젖히고 별을 바라보며 물었습니다.

"그것도 몰라? 전에 아빠가 말씀해 주셨잖아. 태양에는 원래 모든 색깔의 빛이 있대. 그런데 낮에는 파장이 짧은 파란색만 우리 눈에 도달하기 때문에 파랗게 보이는 거래. 지금 하늘이 까맣게 보이는 것은 태양이 지구 반대쪽에 가 있기 때문에 빛이 오지 않아서 그런 것이고."

선우는 아빠에게 들은 토막 지식을 꺼내어 자랑스럽게 대답했습니다.

"어린이 철학자에, 어린이 과학자로구나."

아저씨가 웃으며 한마디 하셨습니다.

"앗, 저거 거문고자리 아니야? 저기 머리 위에 제일 밝게 빛나는 별은 직녀성 맞지?"

선우는 학교에서 별자리표를 배울 때 보았던 낯익은 별자리를 발견하고는 뛸 듯이 기뻐하며 소리를 쳤습니다. 그러자 누나도 맞장구를 쳤습니다.

"맞아, 그 아래쪽에 있는 게 독수리자리, 견우성이야. 작은 별들이 촘촘한 별무리 가운데 있는 것 말이야."

아이들은 책에서만 보았던 별자리들을 직접 찾아보며 신나게 뛰어다녔습니다.

"저기 하얗고 조그만 별은 토끼별이라고 부를래."

별자리에 대해 아는 것이 없어서 선우와 예은이 누나만 쫓아다니던 정우가 갑자기 자기 머리 위에 있는 별을 가리키며 소리쳤습니다. 정우의 말을 시작으로 한참 동안 아이들은 이름 없는 별들에 각자의 마음속에서 나온 고운 이름들을 붙이며 놀았습니다.

얼마나 지났을까요, 아저씨가 부드럽고 나지막한 목소리로 말했습니다.

"자, 이제 그만 들어갈까? 내일 아침 일찍 할배나무를 만나러 가야 하니, 푹 자 두렴."

산 위에서의 첫날밤이 아름답게 저물었습니다.

2 할배나무와 만나다

아무도 깨우지 않았는데도 아이들은 모두 해가 뜨기 무섭게 눈을 비비며 일어났습니다. 집에서는 엄마가 몇 번씩 깨워야 간신히 일어나곤 했는데 말이지요. 예은이 누나는 산 위의 공기가 맑아서 일찍 눈이 떠지는 거라고 했지만 선우 생각에는 오늘 있을 산행에 대한 기대 때문인 것 같습니다.

선우는 산 위에 올라온 후로 그림을 많이 그렸습니다. 가지고 온 스케치북의 절반 가까이를 채울 정도로요. 그 안에는 지나가다 발견한 거미줄도 있고, 둘러앉아 쉬었던 돌들도 있고, 먼 산의 능선도 있었습니다. 오늘 아침에도 일어나자마자 그림을 그리고 있습니다. 간밤에 꿈에서 본 할매나무 그림인데 애니메이션 작가 지망생답게 만화로 특이하게 그렸답니다. 그림 가운데에는 커다랗고 힘센 나무가 양손을 불끈 쥔 채 버티고 서 있고, 오른쪽에 있는 풍선 모양의 이야기 주머니에는 '좋은 재목이 될까나' 라고, 다른 한쪽에는 '나무 왕이 될까나' 라고 쓰여 있습니다.

"어, 나도 나무 꿈을 꾸었는데……."

선우가 그림 그리는 것을 뚫어지게 보고 있던 정우가 말했습니다. 정우는 언제나 선우 그림의 열성 팬이랍니다.

예은이 누나가 다가오며 물었습니다.

"너도? 무슨 꿈인데?"

"그냥 무지무지 커다란 나무 아래서 자는 꿈……."

그러자 누나는 깔깔 웃으며 말했습니다.

"하하하! 정우는 꿈속에서 또 잠을 잤구나."

우리들은 짐을 챙겨 다시 산길을 걷기 시작했습니다. 어제 많이 걸어서인지 다리가 좀 아팠습니다. 그러나 천천히 그리고 꾸준히 걷다 보니 걷기가 편안해졌습니다.

사실 오르기 힘든 산은 아니었습니다. 또 이제는 오르락내리락 하는 능선으로 접어들어 때로는 평지처럼 느껴지는 길도 있었습니다. 어른들이 마음먹고 오른다면 반나절이면 정상에 오를 수 있을 것 같습니다.

바람이 잘 부는 자리에서 쉴 때마다 선우는 그림을 그렸습니다. 이제는 간단한 선으로 터치한 만화 그림뿐만 아니라 제법 공들인 스케치 같은 것도 있었습니다.

기운을 차리고 다시 오르막에 접어들었는데 유난히 눈에 많이 띄는 나무들이 있었습니다. 유심히 보니 조그만 열매가 주렁주렁 달린 나무였습니다.

"저게 무슨 나무예요?"

선우는 나무 열매를 만지면서 아저씨에게 물었습니다.

"돌배나무란다."

"돌배? 저게 배라고요? 저렇게 조그만 게요?"

선우는 깜짝 놀랐습니다. 우리가 흔히 먹는 배에 비해 크기가 너무 작았기 때문입니다.

"우리가 먹는 배의 아저씨뻘이라고나 할까? 우리가 먹는 배는 보통 돌배나무를 바탕나무로 삼아 접붙여 키운단다."

"접붙이기가 뭐예요?"

이해하기 어려웠는지 정우가 물었습니다.

"과실을 맺는 데 영양을 공급할 나무와 열매를 맺을 나무를 합해서 튼튼하게 키우는 거야. 돌배나무는 자라는 곳을 별로 가리지 않아 우리나라 산 속 어디에서나 만날 수 있단다. 쉬어 가는 고갯마루에도 있고 물 먹으러 앉았다 가는 개울가에서도 볼 수 있지. 씨앗이 지나는 곳이면 어디서나 자란단다."

아저씨는 이야기꾼일 뿐 아니라 나무 박사이기도 했습니다. 가만히 생각해 보니 쉴 때 돌배나무를 보았던 것 같기도 했습니다. 하지만 주의 깊게 살피지 않아서 아직 익지도 않아 나뭇잎 색깔과 잘 구별도 안 되는 푸르스름하고 조그만 열매를 단 나무를 알아채지 못했던 것입니다.

"그러면 저것도 먹을 수 있는 거예요?"

선우와 정우가 거의 동시에 물었습니다.

"하하, 먹을 수 있긴 하지만 주로 산새들이 먹지. 사람들은 약으로 쓴단다. 열매나 뿌리, 이파리 모두 약으로 쓰지. 이파리를 잘 말려 두었다가 급성 위경련이 났을 때 달여 먹으면 효과가 좋단다."

어라, 아저씨가 약초꾼이기도 했나?

"《팔만대장경》을 새긴 나무도 돌배나무라던데요?"

어디서 들었는지 예은이 누나가 불쑥 끼어들었습니다. 역시 잘난 누나입니다. 하루에 한 번씩 잘난 척을 안 하면 입 안에 가시가 돋히나 봐요. 하지만 어른들은 칭찬 일색이지요, 흥.

"역시 누나라서 그런지 주의가 깊구나. 그래, 돌배나무는 속살이 곱고 치밀해서 글자를 새기는 목판의 재료로 쓰이곤 했지. 장인들이 산천을 돌아다니며 돌배나무들을 베어 목판을 만들었다고 해."

"와, 버릴 게 하나도 없는 나무네요."

선우는 감탄이 절로 나왔습니다.

"쓸모가 많으니까 다 자라자마자 통째로 베어지고 열매도 뜯기고 그러잖아. 밑동을 베어 다른 나무를 턱 갖다 붙이고. 그게 뭐 좋냐?"

으이구~ 누나는 찬물 끼얹는 데 선수라니까요. 한번만이라도 그냥 속으로만 생각하고 가만히 있으면 안 될까요?

"예은이 말도 일리가 있단다. 우리가 만나러 갈 할배나무는 어쩌면 쓸모가 없어서 오래도록 살 수 있었다고도 할 수 있어."

아저씨는 선우와 예은이 누나의 머리를 쓰다듬으며 말했습니다.

돌배나무 숲이 한동안 이어졌습니다. 돌배나무가 많은 대신 그 흔한 소나무는 보이지 않았습니다. 바람이 부니 사각사각 속삭이는 듯한 소리가 났습니다. 얼마를 더 걸어갔을까요? 아저씨가 걸음을 늦추며 말했습니다.

"다 왔구나."

아저씨의 눈길이 멈춘 곳에는 이제까지 본 나무들과는 비교할 수 없을 만큼 어마어마하게 크고 우람한 나무 한 그루가 서 있었습니다. 아이들은 말문이 막혀 얼른 다가가지 못하고 그 자리에 잠시 서 있었습니다.

"우아!"

소리를 지르며 제일 먼저 달려간 것은 역시 가장 어린 정우였습니다. 아이들은 정우를 따라가 할배나무를 보았습니다. 어마어마한 크기의 할배나무가 수많은 초록색 손을 살랑살랑 흔들며 아이들을 내려다보고 있는 것 같았습니다. 가까이에서 보니 5~6층짜리 건물 높이를 훌쩍 넘을 것같이 큰 키 때문에 꼭대기는 잘 보이지도 않았습니다.

또 어른 서너 명이 팔을 벌려 빙 둘러서도 다 두를 수 없을 만큼 커다란 몸통에는 세월의 흔적들이 남아 있었습니다. 돌아가며 살펴보니 할배나무는 쭉 곧게 자란 것이 아니었습니다. 이리저리 휘어진 곳도 있었고, 몸통 중간에서 가지가 시작되어 큰 줄기로 뻗어 나간 곳도 있었고, 또 이제 막 새로운 가지가 돋아나고 있는 곳도 있었습니다. 뒤쪽으로 돌아가 보니 껍질이 벗겨져 속살이 드러났다가 다시 시간이 흘러 갈색으로 변해 있는 곳도 보였습니다.

우리는 할배나무의 몸에 손을 대어 보았습니다. 굳은살이 잔뜩 박힌 것 같은 껍질 아래로 심장이 두근두근 뛰는 것처럼 느껴졌습니다. 누나는 할배나무의 몸통에 자기 몸과 양팔을 딱 붙이고 눈을 감았습니다. 무슨 이야기를 나누는 걸까요?

쏴아~ 쏴아~ 바람이 불 때마다 가지와 잎들은 서로 부딪치며 마주 소리를 냈습니다. 파도 소리 같기도 하고 메아리 소리 같기도 했습니다. 바람이 크게 우우우 불면 할배나무도 우웅~ 하고 소리를 냈습니다. 바람이 달래듯 휘이잉 불면 할배나무도 사르륵 삭삭 ~ 대답을 했습니다. 바람과 나무 소리를 들으면서 계속 서 있으니 아이들은 마치 다른 세상에 와 있는 것 같은 느낌이 들었습니다.

아이들은 할배나무에 홀딱 반해서 나무를 만지고 귀를 기울이고 뛰어다니면서 놀았습니다. 그동안 아저씨는 나뭇잎이며 줄기, 나무껍질이며 흙 위로 드러난 뿌리와 잔가지를 하나하나 꼼꼼히 살

폈습니다.

그리고 전과 다른 곳이 있으면 더욱 유심히 살펴보고 문제가 있는 것 같아 보이면 가지고 온 장비들을 이용해 정성껏 돌보았습니다. 하지만 텔레비전에서 보듯 약을 주사한다거나 링거를 단다거나 가지를 친다거나 하지는 않았습니다. 그저 흙이 파여 나간 곳을 잘 살펴보고 북돋워 준다거나 큰 가지가 한쪽으로 몰려 부러질 우려가 있는 것을 지탱해 준다거나 하는 식으로 세심하게 보듬어 줄 뿐이었습니다. 그것은 나무를 손질한다기보다는 오래 만나 속내를 잘 아는 사람을 대하는 것 같았습니다.

"할배나무도 저 돌배나무들이랑 똑같은 나무인가요?"

아저씨가 일을 어느 정도 마무리 짓자 누나가 텔레비전 프로그램의 진행자 같은 말투로 물었습니다.

"그런 것 같구나. 돌배나무의 종류가 워낙 많으니 '똑같다' 고 하기는 어렵겠지만."

"오래 살아서 할배나무라고 부르게 된 거예요?"

선우는 아저씨의 말이 끝나자마자 물었습니다.

"배나무는 다른 나무들보다 오래 사는 편인데도 할배나무처럼 오래 사는 경우는 아주 드물단다. 대부분 접붙여 과실수로 쓰기 위해 잘려 나가거나 목판의 재료로 베어 버리지."

"그런데 어떻게 이 나무는 이렇게 오래 살 수 있었던 거예요?"

"이 나무줄기를 보렴. 옹이가 특별히 많이 박혀 있지? 이건 겉에만 있는 것이 아니라 속에서부터 시작되는 거란다. 그리고 이 껍질 사이에 맺혀 있는 나무진을 보렴. 달고 맛있는 배가 열릴 것 같은 모습이 아니지 않니? 아마 목판 재료를 구하는 장인들과 과실수를 기르려는 장사꾼들이 이 길을 수없이 지나갔겠지만 이 나무는 거들떠보지도 않았을 게다. 그게 이 나무가 이곳에 이렇게 오래 서 있을 수 있었던 첫 번째 비결이지."

"그런데 왜 배는 안 열려요?"

"처음부터 배가 전혀 열리지 않았던 것은 아닐 거야. 어린 돌배나무들 사이에서 할애비 노릇을 하며 우뚝 서 있었기 때문에 할배나무라고 불리게 된 것이니까. 하지만 애초에도 그리 맛있는 배가 열리진 않았을 성싶구나. 할배나무가 언제부터 이 자리에 서 있었는지는 아무도 몰라. 우리나라는 삼국시대부터 돌배나무를 심었다고 하니까. 그런데 나라에 난리가 있을 때면 한 번씩 할배나무가 크게 울어서 동네 사람들에게 위험을 알려 주곤 했단다. 그래서 이제 더 이상 배는 열리지 않지만 여전히 할배나무라고 불리게 되었던 거지. 한동안 이 근처 사람들은 할배나무에게 소원을 빌기 위해 찾아오곤 했었단다. 덕분에 할배나무골이라는 별명을 얻게 되었고. 이게 이 나무가 나무꾼의 도끼에 찍히지 않고 이곳에서 오래도록 살 수 있었던 또 다른 비결인 셈이야. 어떤 사람들은 저게 정말 돌배나무인지 의심스럽다고도 해. 식물도감에 나오는 돌배나무와는 너무 다르게 생겼으니까 말이야."

　설명을 마친 아저씨는 빙긋 웃었습니다. 정우가 제 딴엔 이해를 한 것인지 고개를 끄덕거리며 말했습니다.

　"알겠다. 그러니까 이게 제일로 큰 아빠 나무인 거구나. 그래서 아기 나무들을 저렇게 많이많이 낳은 거고⋯⋯."

　선우는 어느새 자리를 잡고 앉아 조그만 스케치북에 커다란 할배나무를 쓱싹 쓱싹 눌러 담느라 정신이 없었습니다.

　"이 나무야말로 자기 생명을 마음껏 살고 있는 진짜 달인이야. 나무들의 왕이라고."

　예은이 누나 또한 혼잣말로 중얼거렸습니다.

3 그림의 달인

다음 행선지로 향하는 길은 대체로 내리막길이이어서 아이들과 아저씨는 쉬지도 않고 단숨에 내려갔습니다. 아이들은 산 정상으로부터 돌아 내려오는 길을 택하여 산자락에 있는 또 다른 마을로 접어들었습니다. 사람들이 살고 있는 집들도 몇 안 되고 그나마도 낡아서 선우네 동네보다 훨씬 더 시골 동네처럼 보이는 마을이었습니다. 아저씨 말처럼 선우네 마을은 할배산 기슭에 의지해 사는 마을들 가운데서는 꽤 번화한 편인가 봅니다.

아저씨는 여러 번 오간 길인 듯 익숙한 걸음걸이로 동네에 들어섰습니다. 담배를 문 할아버지가 한 분 지나갔을 뿐 길은 무척 조용했습니다. 아저씨는 거리를 지나 어느 조그만 골목으로 들어갔습니다. 그러고는 찌그러진 문이 달린 집 앞에 서더니 문을 삐걱~ 열고 들어가면서 누군가를 불렀습니다.

"할배~."

낮은 문 때문에 고개를 숙이고 들어서는 아저씨 뒤를 따라 아이들도 한 사람씩 들어갔습니다. 낡아 보이는 마루 위에 두어 개의 방이 있었는데 맨 끝의 방문이 조금 열려 있었습니다. 아저씨는 가까이 가서 방 안을 들여다보고는 돌아와 말했습니다.

"좌망에 드셨구나. 아마 이번에 할배가 큰 작품을 준비하시려나 보다. 잠시 여기서 기다리자."

문 틈 사이로 살짝 엿보니 어두운 방 안에서 누군가 미동도 하지 않고 앉아 있는 것이 보였습니다. 아이들은 짐을 풀고 툇마루 끝에 나란히 앉았습니다.

"좌망? 좌망이 뭐예요?"

제일 먼저 정우가 물었습니다.

"음…… 뭐라고 설명하면 이해하기 쉬우려나? 그래, 이렇게 한

번 말해 볼까? 무엇이 옳고 무엇이 그르다는 생각이나 누가 좋고 싫다는 생각, 어떤 것이 예의에 맞고 어떤 것은 맞지 않다는 생각조차도 잊어버리고 급기야는 자기 자신의 몸은 물론 자기라는 의식조차도 잊고 크게 통하는 경지를 말한단다. 옛날 중국에 살았던 철학자 장자라는 사람이 한 말이지. 전에도 꿈 이야기를 하면서 말한 것 같구나."

누나가 잘난 척하며 얘기했던 장자가 또 나오네요? 정말 유명한 사람이긴 한가 봅니다.

"저도 알아요. '도를 아십니까?' '생활의 달인' 아싸, 호랑나비 ~' 도 모두 장자가 한 말이죠?"

"하하하, 이제 보니 선우가 참 재치 있게 말하는 재주가 있구나?"

"근데 자기를 잊는다는 건 또 무슨 말이에요?"

"살다 보면 정신을 집중해야 할 때가 있어. 이 일 저 일에 마음이 얽매여 어지럽게 지내다 보면 사람들은 무엇이 정말로 중요한지 잊어버리게 되지. 뭔가 중요한 결정을 해야 한다거나 아니면 공들여 이루어야 할 일을 앞에 두고 마음의 교통 정리를 해야 할 때 특별한 사람이 아니라 보통 사람들도 마음을 비우거나 집중하는 연습을 하곤 한단다."

"좋고 싫다는 생각은 그렇다 쳐도 옳고 그르다는 생각도 잊고, 거기다가 자기 자신의 몸조차 잊는다면 어떻게 살아 있는 사람이라고 할 수 있어요?"

누나도 한마디 거들었습니다.

"예은이한테도 자신을 의식하지 못하고 무엇에 열중해 본 적이 있을 것 같은데?"

아저씨가 웃음을 지으며 물었습니다.

"전 있어요. 배고픈 줄도 모르고 책을 읽다가 다 읽고 나니 갑자기 꼬르륵 소리가 나면서 배가 고파 허겁지겁 밥을 퍼 먹을 때가 있어요. 또 무얼 만들고 있을 때도요. 다른 것은 아무것도 안 보이고 아무것도 안 들려서 엄마가 절 부르는 소리도 못 들었던 적이 있어요, 헤헤."

말을 가로챈 것도 모른 채 떠들어 댄 것이 미안했는지 선우는 머리를 긁적이며 웃었습니다.

"그래, 그런 경우를 떠올려 보면 이해하기가 좀 쉬울 거야. 특히 예술가들이라면 그런 과정을 더욱 깊이 겪을 거라 생각해 볼 수 있겠지? 사람의 마음속 깊이 감동을 주는 것들을 만들어 내는 사람들이니까. 만약 남들이 뭐라고 할까에 계속 신경 쓴다거나 옳고 그른 것이 무엇인지에 매달리다 보면 작품에 제대로 집중할 수 없겠지. 더 나아가서는 자기가 작품을 만들면서 해 왔던 방식으로부터 자유로워져야 할 필요도 있을 테고. 자기의 몸과 마음을 잊는다는 것은 몸과 마음이 온전히 하나의 기운이 된 순간이기도 해. 우리가 ‘신들린 연주’라든지 ‘신기에 가까운 솜씨’라고 하는 것들은 자기를 잊는 집중의 과정을 거쳐서 나온 것이라 보아도 될 거야.”

“예전 수업 시간에 도덕 선생님이 장자에 대해 가르쳐 주셨는데 ‘좌망’과 함께 ‘심재’라는 말을 해 주셨어요. 마음의 재계라던가? 그땐 무슨 말인지 잘 알 수 없었는데 그것과 비슷한 건가요?”

아무래도 예은이 누나와 아저씨의 대담이 시작된 것 같습니다.

“혹시 옛날 어른들이 제사를 지내기 전에 온 집안을 깨끗이 하고 몸가짐을 가지런히 하셨다는 말을 들어본 적 있니?”

“예, 뭐 꼭 제사 때가 아니더라도 설날 같은 명절이 되면 엄마랑 아빠는 아침 일찍 일어나 집안 구석구석 먼지를 털어 내세요. 저희더러 큰 소리로 다투는 일도 삼가라고 하시고요.”

“그래, 그런 일들을 떠올려 보는 것도 마음이 오롯해지는 순간을 이해하는 데 도움이 되겠구나. 새해를 맞이하여 집안 주변을 정갈

하게 만들듯이 마음을 비우고 가다듬어야 밝은 지혜가 스며들 수 있겠지. 생각해 보렴, 빈 방이라야 밝은 빛이 깃들 수 있을 게 아니겠니? 발 디딜 틈도 없이 물건들이 꽉 들어찬 방이라면 아무리 밝은 빛이라도 환히 비추기 어려운 법이지."

어쩐지 아저씨의 얼굴이 환히 빛나는 것처럼 느껴졌습니다.

"하지만 마음을 비운다는 일은 어렵게만 느껴져요."

"날마다 정신을 모으고 마음을 집중하며 살기란 어려운 일일 테지. 하지만 인생에서 중요한 순간이 왔을 때 한번쯤 이 이야기를 떠올려 보렴. 분명히 도움이 될 거야."

아저씨는 아이들의 기운을 북돋워 주었습니다.

그렇게 도란도란 이야기를 하면서 시간이 얼마나 지났을까요, 갑자기 인기척이 나더니 누렇게 변한 한지를 바른 방문이 천천히 열렸습니다. 그리고는 몸집이 자그마한 할아버지가 나와 생글생글 웃으며 아이들을 맞아 주었습니다.

"야들이 누고?"

할아버지는 아저씨한테 하는 인사 삼아 우리에 대해 물었습니다. 갑작스러운 아이들의 방문에 놀랄 수도 있는데 할아버지의 목소리는 부드럽고도 따스했습니다. 손자들 이름을 잠시 잊어 '뭐

였더라' 하고 다시 묻기라도 하듯이 말입니다.

"할배나무골에 사는 아이들입니다."

아저씨도 별다른 설명 없이 자연스럽게 답했습니다.

"안녕하세요?"

아이들은 조금 어색하고 긴장한 태도로 머리를 꾸벅 숙여 인사를 했습니다. 아저씨에게 할아버지에 대서 좀 자세히 물어볼걸 하는 후회가 들었습니다.

"환하니 예쁘게도 생겼네, 들어가자."

할아버지는 아이들을 방으로 안내했습니다. 아이들은 방 입구부터 가득 펼쳐져 있는 그림들과 종이 뭉치들을 요리조리 피하며 방 안으로 들어갔습니다. 처음에는 모두 들어갈 수 없을 것 같았습니다. 그러나 반쯤 그린 그림을 한쪽으로 옮겨 놓고, 물감 접시를 옆으로 치운 후, 화선지 뭉치를 다른 곳에 놓아가면서 모두 들어가 자리에 앉았습니다. 그래도 그림을 조금씩은 밟으며 들어가야 했습니다. 뭔가 중요한 것을 깔고 앉아 있었는지도 모르겠습니다.

방바닥 한가운데에는 할아버지가 막 그리다 만 그림이 펼쳐져 있었습니다. 정확히 말하면 막 그리던 그림의 일부분만이 펼쳐져 있었습니다. 좁은 방바닥에 종이를 다 펼 수가 없어서 할아버지는 종이를 이리저리 잡아당기고 밀면서 이쪽저쪽으로 기어 다니며 그림을 그렸습니다. 이렇게 방 안에 모두를 초대하고도 할아버지는 아무런 거리낌이 없었습니다. 다양한 색의 물감이 묻은 바지의 허리춤을 아무렇게나 맨 꾀죄죄한 모습이지만 할아버지한테서는 감히 함부로 하지 못할 기운이 느껴졌습니다.

"할아버지는 여기서 자요?"

역시 아무것도 가릴 줄 모르는 정우가 먼저 물었습니다.

"그냥 이불 하나 겹쳐 깔고 송충이처럼 기어 들어가 잔단다."

할아버지가 웃으며 대답했습니다. 아이들은 밤늦도록 그림을 그리다가 힘이 다하면 펼쳐 놓았던 그림을 옆으로 밀어 놓고 그림에 둘러싸여 잠이 들 할아버지의 모습을 떠올렸습니다. 할아버지는 항상 그림 속에서 살고 그림 속에서 꿈을 꾸는 사람인 것 같았습니다.

어느새 어두운 방 안이 눈에 익숙해졌습니다. 그러자 비가 새 얼룩덜룩한 벽과 천장이 보였고, 겹겹으로 포개져 귀퉁이가 이리 삐죽 저리 삐죽 튀어나와 있는 크고 작은 그림들이 눈에 들어왔습니다. 여러 스케치들 가운데 막 그리고 있었던 그림의 밑그림으로 보이는 것들도 눈에 띄었습니다. 말이 밑그림이지 완성된 작품이라고 할 만큼 정교하게 잘 그려져 있었습니다.

"말씀하셨던 것을 구해 왔습니다."

두루 아저씨는 가방에서 물감과 그림 용품들을 꺼내 할아버지에게 내밀었습니다. 이것이 아저씨가 산을 넘어 온 또 하나의 이유였나 봅니다.

"이기 없어 갖고 아쉬웠는디, 이기 참말로 좋은 긴데, 어찌 구했소? 잘했네."

할아버지는 아저씨가 가지고 온 물감을 꺼내어 이리 돌려 보고 저리 돌려 보며 어린아이처럼 좋아했습니다. 구하기가 쉽지 않은 물건인가 봅니다. 무슨 그림을 그릴 때 쓰는 물감인지 보통 물감과는 달라 보였습니다. 마치 돌가루를 곱게 갈아서 만든 듯 반짝거림이 살짝 나타나는 진한 붉은색 물감이었습니다.

"할아버지, 이렇게 좁은 데서 큰 그림을 그리려면 어디가 어딘지 어떻게 알아요? 나중에 펼쳐 보면 원래 그리려던 그림과 다를 것 같아요."

선우가 방 안을 유심히 둘러보고는 더 이상 궁금증을 참지 못한 채 불쑥 말을 꺼냈습니다.

"마음속에 다 안 있나? 마음속에 기림을 기리고 또 기리서 단단히 붙들어 놓았는데 펼치면 어떻고, 안 펼치면 어떻노? 다를 기 하나 없다."

할아버지는 물감을 받아 들고 홍에 겨우셨는지 웃으며 말했습니다.

"할아버지는 그림 그리시기 전에 만날 저렇게 많은 밑그림을 그리세요? 대충 그리는 것도 아니고 한 장 한 장 저렇게 정확하고 자세하게 그리려면 시간이 많이 걸릴 텐데요?"

선우는 쌓여 있는 밑그림 더미에서 눈을 떼지 못하고 말을 이었습니다.

"기초 아이가, 기초."

"할아버지, 저 그림들이오. 모두 직접 다니시면서 스케치하신 거예요?"

선우는 계속 질문을 던졌습니다. 할아버지는 이번엔 곧장 대답을 하지 않고 물끄러미 선우를 보더니 물었습니다.

"니, 기림 좋아하나?"

"네, 하지만 정식 그림은 아니고 만화예요. 저희는 애니메이션이라고 부르는데요, 그림이라고 할 수도 없어요."

선우는 갑자기 할아버지 앞에서 제 이야기를 하려니 무척 당황

스러운 모양입니다.

"할아버지, 형아 그림 여기 있어요."

정우가 어디서 찾아냈는지 선우의 스케치북을 냉큼 할아버지 앞으로 밀어 놓았습니다.

'저 얄미운 녀석……'

선우는 정우를 흘겨보았습니다. 할아버지와 아저씨 앞이라 한대 쥐어박을 수도 없는 노릇이었습니다. 선우는 정말이지 쥐구멍에라도 숨고 싶은 심정이었습니다.

할아버지는 아무렇지 않게 선우의 스케치북을 넘기면서 그림을 유심히 살펴보았습니다. 할아버지의 눈길이 머문 것은 마지막의 할배나무 그림이었습니다.

"잘도 기렸네."

할아버지의 한마디에 선우는 기쁨보다는 부끄러움에 귓불까지 빨개졌습니다. 선우의 심정을 헤아리기라도 한 듯 아저씨가 말을 꺼냈습니다.

"너무 어두워지기 전에 이만 가 볼까 합니다."

"내, 방 치워 주께, 자고 가라 카믄……."

할아버지는 이 많은 식구들을 어디에서 재우려는 건지 일단 덮어 놓고 아이들과 아저씨를 붙잡았습니다.

"방해만 될 텐데요."

아저씨가 부드럽게 거절했지만 할아버지는 단단히 붙들 기세셨습니다. 할아버지는 다시 한 번 못을 박듯 말했습니다.

"내가 장씨한테 평생 신세를 지고 안 사나?"

"네, 그럼 그러지요. 가서 짐을 좀 풀고 오겠습니다."

아저씨가 일어섰습니다. 사실은 이 방과 마찬가지로 할아버지의 그림들로 가득 차 있는 다른 방들을 정리하여 아이들이 잘 수 있는 공간을 마련해 보겠다는 뜻이었습니다. 아저씨가 나가고 나자 아이들에겐 다리를 뻗을 수 있는 여유 공간이 생겼고, 덩달아 마음도 좀 느슨해졌습니다. 선우는 어디서 그런 용기가 났는지 대뜸 할아버지에게 말했습니다.

"할아버지, 저 부탁이 하나 있는데요."

"뭐꼬?"

"할배나무 그림 좀 그려 주세요."

"할배나무는 와?"

"제 그림은 아무래도 닮지가 않았어요. 할아버지가 그린 할배나무를 한번 보고 싶기도 하고요."

선우는 아까 할아버지가 자신의 그림을 볼 때 느꼈던 부끄러움을 떠올리며 조그맣게 말했습니다.

"기리 줄까?"

"예."

"가서 꼼꼼히 보고 기리야 하는 긴데…… 하긴 마음속에 두고두고 기리 봤으니 함 기리 보지."

할아버지는 종이를 끌어 당겨 앞에 놓더니 잠시 창문 밖의 하늘을 보며 생각을 했습니다. 그러고는 방바닥에 구르던 몽당연필을 들고 스케치를 하기 시작했습니다. 한 5분쯤 지났을까요? 완성된 스케치 속에는 잠시 살던 곳을 떠나 조그만 방으로 옮겨 온 듯 생생한 할배나무가 있었습니다. 나무줄기부터 무성한 나뭇잎까지 마치 살아 있는 나무를 보고 있는 듯했고, 나뭇잎들이 바람에 몸을 부비며 바스락거리는 소리가 들리는 듯했습니다.

똑같이 닮은 것은 아니면서도 이렇게 그 할배나무가 그대로 느껴지는 그림을 그릴 수 있는지, 선우는 놀랍고도 신기해 입을 다물지 못했습니다. 할아버지는 완성된 그림을 선우에게 주며 한마디 덧붙였습니다.

"그래도 니 기림은 니 기림인기다."

아이들은 가운데에 있는 방에서 자게 되었습니다. 아저씨가 애써 정리를 해 아이들이 잘 수 있는 공간을 마련하기는 했지만 방 안에 가득한 그림들을 다 들어낼 수는 없었습니다. 그래서 아이들은 할아버지처럼 온통 그림에 둘러싸여 자게 되었습니다. 그런데 이 방엔 그리다 만 그림보다는 완성된 그림이 대부분이었습니다. 아까 할아버지가 계시던 곳이 작업실이라면 이곳은 그림 창고인 셈입니다.

여러 그림 중에서 먹으로 그린 그림들은 다른 곳에서도 볼 수 있을 것 같았지만, 뿜어져 나오듯 강렬한 색채의 채색화들은 선우의 마음을 온통 빼앗았습니다. 이런 형태의 그림은 어디에서도 본 적이 없는 할아버지만의 그림이었습니다. 수줍고 말수가 적은 할아버지에게 저렇게 단숨에 푸드득거리며 날아오를 것만 같은 색깔이 숨어 있었다는 것이 놀라웠습니다.

방 안의 풍경에 익숙해지자 정우와 예은이 누나는 하루 동안의 피로에 겨워 곧 코를 골며 잠이 들었지만 선우는 늦도록 잠을 이룰 수가 없었습니다. 눈도 금세 어둠에 적응하여 창문으로 새어 들어오는 희미한 달빛만으로도 그림을 볼 수 있었습니다.

그중 선우가 도저히 눈을 뗄 수 없었던 것은 해가 이글이글 떠오르는 해돋이 그림이었습니다. 이 그림이 빛을 발하고 있기 때문인지 아니면 선우의 마음에 환한 빛이 차올라 그렇게 느껴졌던 것인지는 모르지만 깜깜한 밤이 되어도 이 일출 그림은 선우의 눈에 선명하게 들어왔습니다. 어쩌면 선우는 꿈속에서 그 그림을 바라보고 있었던 것인지도 모릅니다.

옆방에서는 할아버지와 아저씨가 밤늦게까지 두런두런 이야기를 나누는 소리가 들려왔습니다.

날이 밝았습니다. 아이들은 이곳에서 한참 살았던 것처럼 부엌과 세면장을 제 집처럼 드나들며 아침에 할 일을 모두 마치고 떠날 채비를 했습니다.

선우는 할아버지와 헤어지는 것이 너무 아쉬워 자꾸만 이야기를 만들면서 할아버지의 주위를 얼쩡거렸습니다. 할아버지도 선우의 말에 꼬박꼬박 대꾸를 해 주셨습니다.

"저렇게 많은 그림 중에서 혹시 할아버지 얼굴을 그린 그림은 없나요?"

"기림 기리는 사람이 그리 씨부렁거리 갖고 되나? 내는 이리 생겼소, 내 맘은 이렇소 하고."

"그래도 할아버지 그림이 한 장 있었으면 좋을 텐데……."

"인제 영원한 얼굴을 보니라. 기림 속에 다 들었다."

할아버지는 수수께끼 같은 말씀을 덧붙이셨습니다. 선우는 어떻게 하면 할아버지 얼굴 그림을 한 장 얻어 갈 수 있을까 하여 쉽게 발걸음을 떼지 못하고 망설이며 서 있었습니다. 그러자 할아버지는 선우를 달래듯 이렇게 말씀하셨습니다.

"괘않다, 난중에 니가 한번 기리 봐라."

아이들의 모습이 보이지 않을 때까지 손을 흔드는 할아버지를 뒤로 하고 아이들은 다시 산길로 접어들었습니다. 오랫동안 묵었던 집을 떠나는 기분이었습니다.

"할아버지는 유명한 화가신가요?"

가만히 걷고만 있던 누나가 물었습니다.

"진짜 화가시지."

아저씨가 장난스럽게 대답했습니다.

"할아버지 얼굴은 웃고 있는 아기 같아요."

정우가 할아버지 얼굴을 떠올리며 말했습니다.

"우리는 모두 자기 얼굴을 그리는 화가야. 눈썹을 그리고 입술을 그리고, 바탕을 곱게 칠하는 화장만이 얼굴에 그리는 그림이 아니야. 우리가 마음에 그린 그림이 얼굴에 나타난단다. 자기도 모르

게 얼굴에 그림을 그리고 있는 셈이지. 나이 든 사람의 얼굴은 그 사람이 평생 살아오면서 자기 얼굴에 그린 그림이야. 마음속에 어떤 그림을 그리는가에 따라 얼굴에 다른 그림이 나타난다는 게 참 신기하지 않니?"

"맞아요, 저희 학교 도덕 선생님께서도 나이가 들면 사람은 자기 얼굴에 책임을 져야 한다고 하셨어요. 웃는 주름은 웃는 낯을 만들지만 화를 내면서 살면 성난 얼굴을 가지게 된다고요. 사실 어른들만 그런 건 아닌 것 같아요. 처음 봤을 때는 예쁜 얼굴이었는데 자꾸 보다 보면 점점 미워지는 애들이 있어요. 심술궂은 친구는 아무리 눈코입이 또렷하니 예쁘게 생겼어도 예쁘게 보이지가 않아요."

예은이 누나가 옳다구나 맞장구를 쳤습니다.

집으로 돌아오는 길은 산자락 아래로 가로지르면 되는 지름길이었습니다. 얼마 안 돼 집에 도착했습니다. 산에서 걷고 또 걷는 것이 힘들긴 했지만 막상 내려오고 나니 너무 아쉬웠습니다. 언제 다시 아저씨와 산에 갈 수 있을까요?

쓸모의 진정한 의미

　나무 이야기는 《장자》의 이곳저곳에서 되풀이돼 나옵니다. 〈소요유〉에는 이런 이야기가 있어요.

　하루는 장자의 친구였던 혜시라는 사람이 장자를 아무 짝에도 쓸데없이 덩치만 큰 나무에 빗대어 놀렸어요. 그랬더니 장자는 왜 사람의 입장에서만 나무의 쓸모를 따지느냐고 반문하며, 나무가 있어 벌판에서 자유롭게 노닐 수 있고 나무 그늘 아래서 쉴 수 있다는 것을 모르는 혜시가 오히려 딱한 사람이라고 응수합니다.

　또 8000년을 봄으로 삼고 8000년을 가을로 삼는 오래 사는 나무 이야기도 나와요. 실제로 미국에 있다는 브리스톨콘 소나무는 몇천 년을 살았는지 아직까지도 모른다고 하지요? 아주 느리게 자라는 것이 이 나무가 오래 사는 비결이라고 해요.

　〈소요유〉〈제물론〉〈양생주〉에 이어지는 4번째 편인 〈인간세〉에서는 우리가 앞에서 만난 할배나무처럼 재목으로는 아무 짝에도 쓸모가 없어서 백 아름이나 되는 큰 나무로 자랄 수 있었던 사직단의 나무 이야기가 나옵니다.

또 《장자》에는 아예 '산에 있는 나무' 라는 뜻의 〈산목〉 편도 있답니다. 이런 것을 보면 아마 장자는 나무에 대해 익숙하게 알고 있었을 뿐 아니라 이러한 나무들을 바라보면서 사람과 자연에 대한 깊은 사유에 이르게 된 것 같습니다.

장자는 사람과 사람 사이에서 일어나는 일들, 지켜져야 할 것들을 생각하는 데서 더 나아가, 사람 말고도 이 세상에 또 다른 중요한 몫을 차지하고 있는 존재들에 대해서도 깊이 생각했습니다.

원숭이 이야기, 사슴 이야기, 물고기 이야기를 비롯하여 《장자》에 등장하는 갖가지 동물들의 이야기, 나아가 풀과 나무에까지 미치는 다양한 이야기들은 우리들에게 자기중심적인 시각에서 벗어나 보다 넓고 깊게 자기 자신을 바라보아야 있는 그대로의 세상을 온전히 볼 수 있다는 것을 알려 줍니다.

물론 장자가 우리한테 '쓸모 있는 사람이 되지 말고 쓸모없는 사람이 돼라' 고 말하고 있는 것은 아니에요. 혹시 이렇게 오해하는 사람이 있다면 장자가 즐겨 사용하는 농담과 비유를 통 이해하지 못하는 답답한 사람이지요.

장자는 쓸모라는 것이 보는 관점에 따라 얼마나 다양할 수 있는지,

사람들의 이해관계 차원에서는 쓸모없어 보이는 것들도 알고 보면 얼마나 큰 쓸모가 깃들어 있는지를 일깨워 주고 있어요. 그럼으로써 우리들의 좁은 시야를 넓혀 주려는 것이지요.

마지막 이야기인 '그림 그리는 할아버지'는 실제 인물인 박생광 (1904~1985)이라는 화가를 모델로 삼아 상상을 덧입혔어요. 제가 그림에 대해 잘 알지는 못하지만 이분이 일생 동안 그림을 그리면서 남긴 일화를 들으면 저절로 가슴이 뭉클해집니다.

하루도 빼놓지 않고, 일생 동안 방바닥을 화판 삼아 기어 다니며 그림을 그렸지만, 그의 나이 일흔이 넘을 때까지도 그를 알아주는 사람은 거의 없었습니다. 그러나 그는 생의 마지막 불꽃을 사르듯 마지막 10년간 엄청난 에너지를 쏟아 부으며 쉬지 않고 그림을 토해 냈습니다.

그 결과 자신의 세계를 활짝 열었던 그가 돌아간 지금, 그의 그림은 '전통적인 진채 기법을 되살린 가장 한국적인 채색화'라는 평가를 받고 있습니다. 그가 세상에 이름을 알리기 시작한 것은 그의 나이 일흔여덟이 되던 해인 1981년, 자기다운 그림을 본격적으로 그리기 시작한지 얼마 지나지 않아서였어요. 이때부터 그는 '그대로'라는 호를 쓰기 시작합니다.

사실 우리 주변에는 이런 분들이 도처에 숨어 있어요. 세상이 싫어 정말로 세상을 등지고 숨어 산다는 것이 아니라, 세상이 알아주든 알아주지 않든 자기 안의 진실 속에 정직하게 살아가는 분들이 많다는 뜻입니다. 그러다 보면 휩쓸리기 쉬운 세상의 흐름에서 아주 오랫동안 소외되어 있기도 해요. 그런 의미에서 숨어 있는 셈이지요.

이런 분들은 가난도, 천대도 두려워하지 않고 죽음조차도 두려워하지 않으며 평생 있는 그대로의 삶을 자기답게 살아 낸 분들이에요. 그래서 가난에도 찌들지 않고 업신여김에도 주눅 들지 않으며, 삶의 고통과 죽음에 대한 두려움도 잊고 자신의 내면의 목소리에 따라 충실하게 살아갈 수 있었던 것입니다.

《장자》의 〈달생〉 편에는 편종, 편경과 같이 악기를 매다는 악기틀을 제작하는 장인, 재경의 이야기가 나옵니다. 조각을 아로새겨 마치 살아 있는 것처럼 만드는 귀신 같은 솜씨를 터득하게 된 비결을 묻는 질문에 그는 이렇게 대답합니다.

"일에 착수하기 전에는 기운을 다른 곳에 함부로 써 버리지 않고 몸과 마음을 가다듬어 마음이 평정한 상태가 되도록 합니다. 이렇게 사흘을 가다듬고 나면 상이나 벼슬에 대한 마음이 사라집니다. 이렇게 닷새가 지나고 나면 남이 비난을 하든 칭찬을 하든 개의치 않게 되고, 내 마음에 들까 안 들까 하는 조바심조차도 남김없이 사라지게 됩니다. 이렇게 이레가 지나고 나면 내 몸뚱이조차 잊을 수 있는 상태가 됩니다. 이렇게 마음을 어지럽힐 만한 것이 모두 사라졌을 때

비로소 솜씨가 온전해질 수 있습니다."

　이렇게 오롯해진 마음의 평정은 보이지 않는 것 같지만 그가 연마하고 터득한 솜씨를 통해 표현되고, 그가 살아온 생애를 보여 주는 얼굴을 통해 결국은 밖으로 드러나게 된답니다.

4

내 인생의 달인을 찾아서

나에게는 도가 있습니다. 오뉴월 매미 철이면 한 손으로 구슬을
올려놓은 장대를 붙들고 다른 손으로는 매미를 잡는 연습을 하였는데,
구슬이 떨어지지 않을 수 있게 되니 매미를 놓치는 일이 적어졌고,
이번에는 구슬 세 알을 쌓아 놓고도 떨어뜨리지 않을 수 있게 연습하니
매미를 놓치는 경우가 열에 하나밖에 되지 않았으며, 구슬 다섯 알을
쌓아 놓고도 떨어뜨리지 않을 수 있게 연습하였더니 마침내 물건을
줍듯이 매미를 잡을 수 있게 되었습니다. 나는 마른 나뭇가지처럼
꼼짝도 하지 않으며 세상에 아무리 좋고 훌륭한 물건이 있다 해도
거들떠보지 않고서 오로지 매미 날개에만 정신을 집중합니다. 이것이
매미를 줍듯이 잡을 수 있게 된 비결입니다.

−《장자》

1 각자의 일상으로

"자~ 찍는다. 장난 좀 그만 치고 여기 봐."

벌써 내일모레면 예은이 누나가 서울로 돌아가기로 한 날입니다. 아빠는 누나가 가기 전에 모두 모여 기념사진을 찍어 두어야 한다며 오랫동안 벽장에 처박아 두었던 커다란 카메라를 꺼내 왔습니다.

요즘은 조그마한 디지털 카메라도 많이 나오고, 4천만이 가지고 있다는 휴대전화에도 대부분 카메라가 달려 있으니 사진 찍는 것

자체가 특별한 일이라 할 수는 없겠지요. 그래도 큰 렌즈가 달린 카메라 앞에 서니 기분이 조금 달랐습니다. 사진을 한 장 한 장 찍을 때마다 선우와 정우는 한껏 엽기적인 표정을 지으며 장난을 쳤습니다.

"가만히 좀 있어 봐, 이모한테도 한 장 보내 주게. 하도 이상한 표정을 지어서 너희들 얼굴을 알아볼 수도 없겠다. 정우야, 얼굴 앞에 그 손 좀 치우라니까~ 얼굴이 안 보이잖아."

아이들의 웃음소리가 커져 갈수록 카메라 뒤에서 이렇게 해라 저렇게 해라 주문하는 아빠의 목소리도 함께 커져 갔습니다. 그리고 사진기에는 점점 더 떠들썩하고 야단법석인 장면들이 담겨졌습니다.

"이 녀석아, 너도 좀 웃어 봐."

한쪽 손으로 다른 쪽 팔을 잡고 어색하게 서 있는 예은이 누나에게 엄마가 말했습니다. 그 말에 누나는 피식 웃었다가 까부는 선우와 정우를 보고는 얼굴을 활짝 펴고 웃었습니다.

"자, 이제 간다, 준비됐지? 가만히 앉아 있어야 해. 정우야, 아빠 자리 좀 비워 놓고, 찍는다!"

아빠는 카메라를 이리저리 만지면서 몇 번이나 시험 촬영을 했습니다. 그러다가 드디어 마음에 드는 화면을 얻었는지 자동 셔터 장치를 누르고 이쪽으로 뛰어왔습니다.

"찰~칵!"

아빠는 이곳에서 지내면서 찍은 사진들을 모두 CD 한 장에 담아 예은이 누나가 갈 때 주겠다며 컴퓨터 앞에 앉았습니다. 누나가 가지고 온 조그만 디지털 카메라에 들어 있었던 사진, 엄마 휴대전화에 들어 있었던 조그만 사진들이 모두 컴퓨터의 큰 화면으로 옮겨졌습니다. 선우네 식구들은 컴퓨터에 차례로 뜨는 사진들을 보며 '이야~' 하고 감탄을 하기도 하고, 깔깔대면서 온갖 트집을 잡기도 했습니다.

"엄마, 또 화장했잖아요?"

선우가 엄마의 빨간 입술을 가리키며 말했습니다.

"그날은 밖에 외출할 일이 있어서 입술만 그린 거지."

누나가 오던 날 찍은 사진입니다. 엄마는 바쁘게 분을 두드리고 입술을 그린 후 누나의 마중을 나갔습니다. 그러고는 터미널 앞에서 누나와 함께 사진을 찍은 모양입니다.

"난 엄마가 화장한 게 더 예쁘더라."

정우가 끼어들어 말했습니다.

"엄마는 화장 안 한 모습이 훨씬 자연스러운데 밖에 나갈 일이 있으면 꼭 입술에 뭘 바르더라. 예뻐지기 위해 꼭 입술에 립스틱을 발라야 하는 건 아니라고요. 마음을 곱게 쓰면 저절로 예뻐지는 거래요. 엄마도 천천히 예뻐지는 길을 택하세요."

선우는 마음에 그린 그림이 얼굴에 나타난다는 아저씨의 말이 떠올라 엄마에게 잔소리하듯 말했습니다.

"얘가 왜 이래? 엄마 맘이야."

"이야, 오늘 보니까 예은이도 꽤 미인인데?"

아빠가 칭찬하십니다. 그러고 보니 첫날 와서 찍은 사진 속의 누나와 오늘 찍은 사진에 비친 누나의 모습은 완전히 딴판이었습니다. 누나는 원래 사진을 찍으면 새침한 표정을 짓거나 턱을 내리고 뚱한 표정으로 쳐다봐서 사진의 분위기를 망쳐 놓곤 했습니다. 그런데 오늘 사진에서는 표정이 눈에 띄게 밝아져 있었습니다. 마음 편히 활짝 웃는 모습이 평소의 퉁명스러운 누나와는 전혀 다른 사람 같아 보였습니다.

"그래, 애 예은아! 너 좀 웃어라. 웃는 게 훨씬 예쁘다."

엄마도 한마디 보탭니다.

"원래 웃음으로 때우는 게 제 특기예요."

예은이 누나가 배시시 웃으며 말했습니다.

산에서 내려온 후 선우에게도 여러 가지 변화가 생겼답니다. 전에는 좋은 일엔 마냥 날뛰다가도 나쁜 일이 생기면 주체할 수 없이 우울해 하곤 했었는데 이제는 조금 차분해지고 참을성도 생겼습니다.

그리고 몸을 움직이는 일도 더욱 적극적으로 하게 되었습니다. 예전에는 엄마가 몇 번을 불러도 듣는 둥 마는 둥 하며 배를 깔고 누워 뒹굴기 일쑤였는데 이제는 엄마가 뭘 나르고 계시는 것을 보면 시키지 않아도 얼른 뛰어가 도와드렸습니다. 제법 멀리까지 걸어갔다 와야 하는 심부름을 시켜도 순순히 다녀온답니다.

정우도 눈에 띄게 어른스러워졌습니다. 원래부터 모든 일에 열심이었지만 때때로 미리 겁을 먹고 하지 않으려 하거나 하다가 문제가 생기면 '와앙~' 울음부터 터뜨려 해결하려 했는데 요즘은 우는 횟수가 부쩍 줄었습니다.

산속에서 오랫동안 걸었던 경험이 '되든 안 되든 한번 해 보자' 하는 용기를 심어 준 것 같습니다.

정우의 그림 솜씨도 제법 좋아졌습니다. 정우의 그림은 모두 형의 어깨너머로 배운 것입니다. 그동안은 대부분 선우의 그림을 조금 바꿔서 그릴 뿐이었죠. 그런데 요즘은 큰 종이를 가져다 방바닥에 깔아 놓고는 겁도 없이 쓱쓱 큰 그림을 그려 대곤 한답니다. 어려서부터 종이와 연필을 들고 다녔던 선우와 정우 덕분에 그림을 그릴 재료는 집에 얼마든지 있었습니다.

2 달인의 얼굴

선우는 플래시 프로그램을 이용해 산 위에서 그린 스케치들을 컴퓨터로 옮기고 있었습니다. 그려 둔 스케치들을 이용해 밑그림 작업을 한 다음, 이를 바탕으로 재미난 캐릭터들을 만들어 내고 다시 이야기로 꾸며 플래시 사이트에다 선보이는 것입니다. 선우는 달인 시리즈를 벌써 2개째 만들어 올려놓았는데, 제법 호응이 좋았습니다. 올린 지 얼마 되지 않아 칭찬성 댓글이 10개도 넘게 달려서 너무나 뿌듯했답니다.

달인 시리즈 3의 제목은 '그림쟁이 할아버지'로 정했습니다. 그래서 지금은 할아버지의 얼굴을 그리는 중입니다. 할아버지 얼굴이 기억에서 사라지기 전에 빨리 그려야지 하고 굳게 결심했었거든요. 그런데 실제로 해 보니 생각처럼 쉽지가 않습니다. 아무리 고쳐 그려도 그냥 주름 많은 할아버지의 얼굴이 될 뿐 어린아이처럼 천진난만한 할아버지 얼굴은 나오지 않았습니다.

'이럴 줄 알았으면 그때 할아버지 앞에서 한번 그려볼걸.'

선우는 후회가 되었습니다. 더구나 플래시 프로그램은 단순한 선을 위주로 한 것이어서 조금만 선을 보태면 전혀 다른 얼굴이 되어 자꾸만 우스꽝스런 캐릭터가 되었습니다.

"안 되겠다. 할아버지의 방법을 써 봐야지."

선우는 좋아하던 컴퓨터를 밀어 놓고 종이를 꺼냈습니다. 그리고 기억에 떠오르는 대로 쓱쓱 할아버지의 얼굴을 몇 장 그려 보았습니다. 여러 장 그리고 나서 꼼꼼히 살펴보니 뭐가 문제였는지 알 수 있었습니다.

어떤 그림은 얼굴이 너무 길쭉하게 그려져서 할아버지의 자그만 몸매와 어울리지 않았고 어떤 것은 너무 동그랗게 그려져 어린아이처럼 보였습니다. 여러 장을 비교해서 보니 코는 이것이 낫고 눈매는 다른 그림에 있는 것이 낫고 하는 것이 눈에 들어왔습니다. 선우는 다시 새 종이를 한 장 꺼내 먼저 작업한 스케치에서 알아낸 특징들을 생각하며 조심스럽게 그림을 다시 그리기 시작했습니다. 완성되고 나니 이번에는 얼굴 각 부분은 잘 그려졌는데 여러 특징을 한데 모아 붙여 놓은 것처럼 이상스레 부자연스러웠습니다.

선우는 그림을 이리저리 뜯어본 후 벌러덩 누워서 눈을 감고 할아버지의 얼굴을 가만히 마음속에 그려 보았습니다. 그랬더니 수줍은 미소와 부드러운 목소리가 떠올랐습니다.

"그래도 니 기림은 니 기림인기다."

'그래, 다시 한 번 해 보자.'

선우는 눈을 뜨고 다시 그림을 그리기 시작했습니다. 이번에는 아까 그린 그림들을 일일이 대조해 보며 그릴 필요가 없었습니다. 여러 장 그리는 동안 이미 할아버지의 얼굴이 마음속에 들어와 있었기 때문이죠. 역시나…… 단숨에 그려졌습니다. 그림이 완성되자 큰 숨을 한번 내쉬었습니다. 생김새는 닮은 것 같기도 하고 아닌 것 같기도 했지만 할아버지의 웃음이 느껴졌습니다. 지금까지 그린 그림 중 제일 마음에 들었습니다.

선우는 할아버지가 그려 준 할배나무 그림을 꺼내 보았습니다. 할아버지 얼굴 뒤에 할배나무를 세워 두고 싶었기 때문입니다. 할아버지의 나무 그림은 8절지 정도의 조그만 종이에 그려진 그림이라 선우가 그린 할아버지 얼굴과 어울리려면 꽤나 확대를 해야 했습니다.

선우는 비치는 종이를 한 장 꺼내 와 할아버지의 그림을 바닥에 깔고 기본적인 구도와 선을 베꼈습니다. 그러고는 이것을 8등분한 다음 각각 번호를 적어 두었습니다. 그런 다음 집에서 제일 큰 종이를 꺼내 와 바닥에 펼쳐 놓고 나무가 들어갈 자리에 확대된 8등분의 선을 희미하게 표시했습니다.

그러고는 칸마다 표시된 번호에 따라 조심스럽게 나무를 그리기 시작했습니다. 처음에는 굵은 선을 중심으로 전체를 옮긴 다음 뒤로 물러나 눈을 가늘게 뜨고 그려진 상태를 점검했습니다. 잠시 후 각 부분을 조금씩 나누어 자세하게 그렸습니다.

이렇게 얼마나 오랫동안 바닥을 기어 다녔는지 모릅니다. 어두워질 때까지 선우의 그림 그리기는 계속되었습니다. 창문으로 뉘엿뉘엿 지는 햇살을 받아 할배나무가 방바닥에 자기 모습을 발갛게 드러냈을 때에야 비로소 그리기를 멈추었습니다. 그러고는 할

아버지 얼굴을 그린 그림을 가져와 아래쪽에 붙였습니다. 할아버지의 웃는 얼굴이 할배나무 안에 들어가자 마치 할배나무가 웃고 있는 것처럼 보였습니다.

"형아, 꼭 할아버지 방 같다."

어느 결엔가 정우가 들어와 방 안에 가득히 쌓여 있는 종이와 그림을 보고 있었습니다. 선우는 벌써 한참 전에 밥 먹으라고 부르러 왔던 엄마가 그림에 열중해 있는 자신의 모습을 보고 조용히 문을 닫고 나갔다는 것도 전혀 알아채지 못했습니다.

자신만의 경지

자기가 좋아서 하는 일은 오래도록 싫증 내지 않고 할 수 있고 그 러다 보면 남보다 잘할 수 있게 되지요. 여기에서 그치지 않고 더 노 력해 나아가면 오로지 자기만이 할 수 있는 경지에 이를 수 있게 되 고요.

이런 경지로 나아가기 위한 방법과 노력은 어린아이같이 순수한 마 음을 회복하여 자신에게 닥친 어려움을 극복해 나가는 과정이기 때 문에 서로 잘 통한답니다. 한번 자기 솜씨를 자랑하고 뽐내는 마음을 가지게 되면 그 사람은 더 이상 발전할 수가 없게 되지요.

할아버지가 놀라운 그림. 솜씨를 가졌으면서도 조금도 다른 사람을 무시하지 않고 아이들과도 스스럼없이 대화할 수 있는 겸손함을 가 지고 있었던 것을 잘 생각해 보세요.

마지막으로 두 가지 일화를 들려줄게요. 하나는 물속에서 뭍(육지) 처럼 걸어 다니는 사나이의 이야기고요, 다른 하나는 수레바퀴를 깎

는 장인의 이야기예요. 모두 《장자》에 나오는 이야기지요.

첫 번째 이야기의 주인공은 공자와 공자의 제자가 만난 헤엄치는 사나이랍니다. 공자가 정말로 이런 사나이를 만났는지는 알 수 없어요. 장자는 공자와 공자의 여러 제자들 및 노자, 혜시, 공손룡 등 유명한 학자들뿐 아니라 여러 임금님들을 이야기에 등장시켜 자신이 하고 싶은 이야기를 대신하게 했거든요. 앞에서 말했지요? 장자가 들려주는 이야기는 곧이곧대로 다 믿기보다는 무슨 뜻이 숨어 있을까 한번 더 곱씹어야 한다고요. 잊지 마세요.

어느 큰 산에 어른 키의 30배가 넘는 높이의 거대한 폭포가 있었어요. 이 폭포는 큰 물을 이루어 멀리까지 흘러갔는데 어찌나 물살이 빠른지 물고기나 자라 같은 것조차 살 수 없을 정도였어요. 그런데 공자가 여행길에 이곳을 지나다가 어떤 사나이가 이 물속으로 뛰어드는 것을 보았어요. 공자는 뭔가 괴로운 일이 있어 죽으려고 뛰어든 줄로 알았지요. 그래서 얼른 제자를 시켜 강둑을 따라 달려 내려가서 사나이가 떠내려 오면 건져 올리라고 했어요.

그런데 이게 웬일이에요? 이 사나이는 한참을 지나도 내려오지 않더니 멀리 떨어진 반대편 둑 쪽으로 올라와서는 젖은 머리를 털면서 노래를 흥얼거리며 강둑을 따라 걸어가는 것이 아니겠어요? 놀란 공자가 쫓아가 그에게 어떻게 물속에서도 땅 위에서처럼 자유자재로 걸어다닐 수 있느냐고 물었어요. 그러자 사나이는 이렇게 말해요.

"특별한 비결이랄 것은 없습니다. 저 역시 뭍에서 태어났으므로 다른 사람과 마찬가지로 뭍에 있는 것이 편안합니다. 이것이 저에게 원래 익숙했던 것이지요. 하지만 저는 물가에서 자라났기 때문에 차츰 물에 있는 것도 편안하게 느끼게 되었습니다. 이것이 저의 개성을 이루게 했습니다. 생각해 보면 제가 물속을 땅 위처럼 여길 수 있게 된 것은 이렇게 돼야지 하고 마음먹어서 그런 것도 아니고 누가 시켜서 그런 것도 아닙니다. 그렇게 된 까닭을 알지 못하면서도 그렇게 된 것입니다. 이것이 저의 운명인 것 같습니다. 저는 물속에 들어가면 물결의 흐름에 몸을 맡길 뿐 제 마음대로 하지 않습니다. 이것이 제가 물속에서 자유로울 수 있는 까닭인 것 같습니다."

어느 나라의 임금님이 대청마루에 앉아 글을 읽고 있었어요. 한 장인이 마루 아래의 뜰에서 수레바퀴를 깎고 있다가 임금님에게 물었어요.

"임금님께서 읽고 계시는 것이 무엇입니까?"

무엄하기도 하지요? 정말로 이런 일이 일어났을 것 같지는 않아요. 일개 기술자가 궁궐에서 임금님과 대화를 나눌 수 있을 정도로 가까운 곳에서 수레바퀴를 깎고 있는 장면이란 잘 상상이 가지 않으니까요. 하지만 백성들과 항상 이야기를 나누는 소탈하고 마음씨 좋은 임

금님이 있었는지도 모르지요. 아무도 접근하지 못하도록 겹겹이 성곽을 쌓고 깊숙이 들어앉아 있는 대신 말이에요. 옛이야기에 종종 등장하는 임금님과 어느 촌로의 대화처럼 상황이 전개된 것이라 일단 상상해 보세요. 이 임금님은 속으로는 어떻게 생각했는지 모르지만 일단 이렇게 대답해 주었어요.

"성인의 말씀이니라."

그랬더니 이 장인이 다시 묻는 거예요.

"그 성인이 살아 계십니까?"

"이미 돌아가셨느니라."

이때까지는 장인이 묻는 대로 임금님은 아무 거리낌 없이 대답을 해 주었어요.

그러자 장인이 이렇게 말했어요.

"그렇다면 임금님이 읽고 계시는 것은 옛날에 돌아가신 분들이 남긴 찌꺼기라는 말이군요."

이쯤 되면 아무리 마음씨 좋은 임금님이라도 화가 머리끝까지 났겠지요?

"과인이 옛 성인의 글을 읽고 있거늘 수레바퀴 깎는 놈이 어찌 이래라 저래라 토를 단다는 말인고? 그 이유가 타당하다면 모르겠지만 얼토당토않다면 죽음을 면치 못하리라."

임금님은 성을 내며 말했어요. 그러자 장인은 수레바퀴를 깎던 손을 잠시 멈추고 이렇게 대답해요.

"저는 단지 제가 하는 일을 통해 알게 된 것을 말씀드리는 것일 뿐입니다. 바퀴를 깎아 보면 압니다. 바퀴를 조금이라도 헐겁게 깎으면 고정이 되지 않고, 조금 바짝 조이면 빡빡하여 들어가지 않으니 느슨하지도 바짝 붙지도 않게 하는 것은 오랫동안 숙달된 손끝에서 터득되는 것입니다. 이것은 마음으로 알아차리는 일이라 입으로는 표현할 수 없습니다. 손과 마음이 하나된 순간이라야 그렇게 할 수 있기 때문입니다. 말로 전할 수 없는 것이기에 자식에게도 일러 줄 수가 없고, 자식 역시 물려받을 수 있는 것이 아니니 이렇게 제 나이가 일흔이 되도록 여전히 제가 바퀴를 깎고 있는 것입지요."

임금님은 아무 말도 하지 못했어요.

설마 이 이야기를 공부를 안 해도 된다는 뜻으로 이해한 사람은 없겠지요? 장자는 실제로 경험하고 숙련하여 터득한 솜씨는 도저히 말로 전할 수 없다는 것을 말하려는 거예요. 자기가 직접 해 보고 느껴 봐야 한다는 것이지요. 예를 들어 임금님이 읽고 있었던 책이 공자님 말씀을 적은 책이라고 해 봅시다. 공자님에게는 오랫동안 제자들을 가르치고 사회에 대해 고민하면서 터득한 노하우가 있을 거예요. 이것은 물건처럼 주고받을 수 있는 것이 아니지요. 공자님을 직

접 마주하면서 그 가르침을 듣는다면 완전히는 아니라도 궁금하면 물을 수가 있고 또 그 인격으로부터 우러나오는 맛을 어느 정도는 실감할 수 있기 때문에 가르침을 전수받을 수 있을지도 몰라요. 하지만 살아 계신 분의 음성도 아닌 글로 남겨진 오래전의 책을 통해 공자님의 생각을 읽으려 든다면 얼마나 오해가 많을까요. 실제로 뒷사람들은 공자님의 글에 대해 온갖 견해를 내세우며 서로 다투었지요. 공자님이 글을 남긴 뜻은 서로 책을 읽고 싸우라는 것은 아니었을 텐데 말이에요. 이 이야기는 책을 읽지 말라고 말하는 것이 아니라 책에 드러난 내용을 신봉하는 대신에 본래의 속뜻을 파악해야 한다, 말하자면 글자 대신에 성인의 마음을 읽어야 한다는 것을 전하고자 한 거예요.

수레바퀴를 깎는 데에 공들인 결과 얻어진 솜씨를 말로는 설명하기 어려운 것처럼 공부에도 솜씨가 있어요. 공부를 잘하려면 집중의 솜씨, 상상의 솜씨, 논리의 솜씨가 필요하지요. 이건 단순히 책을 많이 읽는다고 얻어질 수 있는 것이 아니에요. 정성을 들이고 집중해서 생각함으로써 자기의 것으로 만들어 나가야 하지요. 그 과정을 거쳐야 종이의 겉면에 쓰여 있는 글씨를 이해하는 것을 넘어 책에 깃들어 있는 보이지 않는 의미를 간파할 수 있는 솜씨가 생기는 것이지요.

에필로그

예은이 누나는 자신의 비밀 노트를 절대 보여 주지 않았습니다. 선우가 한 번만 보자고 애원을 해도 노트를 더욱 꽁꽁 숨겨 놓을 뿐이었습니다. 그럴수록 선우의 궁금증은 커져만 갔습니다. 누나가 서울로 가기 전날이었습니다. 집에서 걸려 온 전화를 받느라 누나가 잠시 방을 나간 사이, 선우는 우연히 누나의 방에 들어갔다가 책상에 비밀 노트가 펼쳐져 있는 것을 보게 되었습니다. 선우는 이게 웬 떡이냐 싶어 노트를 얼른 집어 들고는 휙휙 넘겨 보았습니다. 비밀 노트는 귀여운 글씨로 가지런하게 채워져 있었는데 앞쪽에는 이야기를 만들기 위한 메모란이 있었고, 뒤쪽에는 일기처럼 보이는 글이 있었습니다.

누나는 그동안 겪었던 일을 가지고 몇 가지 이야기를 구상하고 있는 것 같습니다. 공책의 맨 앞장에는 단편소설집의 목차 같은 제목들이 쓰여 있었습니다.

선우는 자신들이 겪은 일들이 어떤 이야기로 다시 만들어지게 되는지 너무 궁금했습니다. 아마도 선우가 그린 그림과는 또 다른 그림이 누나의 마음속에 들어 있겠죠? 선우는 노트를 휙휙 넘겨 가며 얼른 훑어보았습니다. 그러다가 '선우'라는 이름을 발견하고는 눈길을 멈추었습니다.

나는 내 마음을 남에게 보이는 것이 두렵다. 그래서 일부러 딱딱한 표정으로 대하는 것인데 선우는 내가 좀 무서운가 보다. 할 말이 있는데도 그냥 삼키고 마는 표정에서 가끔 그걸 느낀다.

몇 줄 아래에는 이런 대목도 있었습니다.

선우가 그림을 그리는 것을 보고 놀랐다. 거침없이 그린다. 나는 글을 쓸 때마다 누군가 볼까 봐 두려워한다. 그래서 아무에게도 보여 주지 않고 몰래몰래 고치고 또 고친다. 그런데 선우는 그런 두려움이 통 없는 모양이다. 선우는 지루한 것을 못 참는 대신 창의력이 풍부하다. 반면에 정우는 어린데도 지루한 것을 잘 참아 낸다. 누나로서 힘들다는 소리를 할 수가 없어 한마디도 안 했지만, 중학생인 나도 힘들었는데 아직 초등학교도 들어가지 않은 정우가 꿋꿋하게 산을 오르는 것을 보고 정말 놀랐다. 정우가 나중에 크면 어떤 사람이 될지 정말 궁금하다.

선우는 누나가 겉으로는 태연한 척, 잘난 척을 하지만 속으로는 참 여린 마음을 가졌다는 것을 알게 되었습니다.

저마다 자기의 장기가 있는 모양이다. 나도 모든 사람들을 빠져들게 만드는 글을 쓰고 싶다.

여기까지 읽었을 때였습니다.
"야!"
문이 열리는 소리에 깜짝 놀라 고개를 돌려 보니 누나가 도끼눈을 뜨고 이쪽을 쳐다보며 소리를 빽 질렀습니다. 선우는 너무 놀라 순간 얼어붙었습니다.
"호랑이빨래골라스미골룸메이트럭비공지렁이야."
누나는 순식간에 드르륵 말꼬리를 붙이더니 놀라서 쳐다보고 있는 선우를 보며 피식 웃었습니다.

"그렇게도 보고 싶었냐? 말을 하지~."

"뭐야~ 깜짝 놀랐잖아~."

선우는 헤어지기 전날 큰 싸움이라도 벌어지는 것이 아닐까 걱정했다가 휴~ 하고 안도의 한숨을 쉬며 가슴을 쓸어내렸습니다. 예은이 누나도 그동안 참 많이 변한 것 같습니다.

누나는 서울로 돌아가고, 선우도 개학을 해 여느 때와 같은 생활로 돌아갔지만, 〈생활의 달인〉은 한동안 선우네 집의 고정 채널이었습니다. 정우는 프로그램이 시작하는 시간을 정확하게 기억하고 있다가 그 시간이 되면 식구들이 어디에 있든 무얼 하고 있든지 텔레비전을 켜야 한다고 일깨워 주었습니다.

하지만 회를 거듭할수록 조금씩 식상한 부분이 생겼습니다. 그동안은 자신의 분야에서 갈고 닦은 솜씨를 수줍게 보여 주는 사람들을 보면서 '그동안 얼마나 많은 시간을 바쳐 성실히 노력했을까' 하는 생각에 절로 감동을 느끼게 되었습니다. 그러나 방송이다 보니 점점 더 희한하고 자극적인 주제를 찾아 나서게 되면서 갈수록 '달인'이라는 낱말이 우스꽝스럽게 느껴지게 만들었습니다. 오로지 신기한 묘기만을 찾아나서는 엽기 취미나 단순한 동작의 속도 경쟁으로 치달아 가는 경우도 많았습니다. 한번은 인터넷에서 떠도는 귤 까기 달인 동영상을 추적하여 그 장본인이 텔레비전에 나온 적이 있는데 빠른 속도는 물론 놀라웠지만 그래서 뭘 어쩌겠다는 것인지 뒷맛이 씁쓸했답니다.

그리고 또 한 가지, 이후로도 시간이 되는 대로 뒷산에 부지런히 드나들던 선우는 아저씨가 환경 운동을 하는 사람들 사이에서는 제법 알려진 생태 운동가라는 것을 알게 되었습니다. 텔레비전이나 신문에서 본 모습 때문인지는 몰라도 환경 운동가들은 머리에 띠를 두르고 정부의 개발 계획에 맞서 싸우는 사람이라는 선입견을 가지고 있었습니다. 그래서 조용하고 부드러운 아저씨와는 어쩐지 안 어울리는 것 같았습니다. 그런데 인터넷을 통해 필요한 사람들에게 많은 정보들을 공급하고 여러 생태 운동의 사례들을 소개하여 생명 네트워크라는 것을 만드는 일을 하신다고 합니다.

또 산의 생태 환경을 조사하여 각각의 산의 특성에 맞게 산의 자생력을 높일 수 있는 방법을 생각해 내고 이것을 산에 적용하는 일도 하신다고 합니다. 그래서 산에 올라갔을 때, 산길뿐만 아니라 나무, 산에서 나는 약초까지 산에 대해 모르는 것이 없었나 봅니다.

아저씨는 다른 산으로 가시게 되었습니다. 처음 그 말을 들었을 때 선우는 너무 놀라고 서운해서 눈물이 날 지경이었습니다. 아저씨는 이제 이곳은 어느 정도 일이 돌아가게 되었으니 다른 곳으로 갈 때가 되었다고 하셨습니다.

"언제든 찾아오면 되지 않니?"

그러자 마음이 좀 가라앉았습니다. 생각해 보면 인터넷 사이트를 통해서도 늘 만날 수 있긴 합니다. 그곳에서는 아이들이 그동안은 잘 몰랐던 아저씨의 또 다른 모습을 만날 수 있을 것입니다. 또한 선우와 정우가 조금만 더 크면 누나랑 같이 아저씨가 사는 산으로 여름 캠프를 갈 수 있을지도 모릅니다. 새로운 일에 대한 기대감이 선우를 달래 주었습니다.

　지역 신문에도 아저씨에 대한 기사가 났습니다. '구호를 앞세우기보다는 자연을 사랑하며 생태의 원리대로 살아온 사람' '성찰적인 생태 운동가' 같은 내용이었습니다. 아저씨의 또 다른 면모를 보여 줄 것이라는 생각은 했지만 선우가 알고 있는 아저씨의 모습을 담기에는 여전히 부족한 것 같았습니다.

　다시 한 주가 지나고 선우는 〈생활의 달인〉 방영 시간에 맞춰 텔레비전 앞에 앉았습니다. 가끔은 시시해하면서도 이제는 습관이 되어 버린 터라 프로그램이 종영될 때까지 선우네 가족의 충성은 계속될 것 같습니다. 원래 텔레비전을 보는 것을 즐기지 않는 엄마가 한마디 하셨습니다.

　"너희들 아직도 달인 타령이니? 그 달인 시리즈를 계속 보다 보면 너네도 언젠가 한 가닥 하게 되는 거야?"

　"그럼요, 두고 보세요. 저는 그림의 달인이 될 거라고요."

　선우는 주먹을 휘두르며 자신만만하게 대답했습니다.

　"그래? 그럼, 정우 너는?"

　"나요? 어…… 어, 나는…… 몽땅 달인!"

　정우는 준비되지 않은 물음에 잠시 더듬거리다 생각나는 대로 대답한 것 같았습니다.

"푸하하하…… 몽땅 달인이라고?"

선우네 가족은 모두 웃음을 터뜨렸습니다. 정우는 눈을 동그랗게 뜨고는 양손을 펼쳐 허공에 큰 동그라미를 그리며 말했습니다.

"그래요, 난 말이에요. 잠도 잘 자고, 밥도 잘 먹고, 게임도 잘하고, 그림도 잘 그리고, 또 마음씨도 좋은, 몽땅 다 잘하는 달인이 될 거예요. 사람의 달인이 될 거라고요."

01 장자의 친구였던 혜시라는 사람이 장자를 아무짝에도 쓸데없이 덩치만 큰 나무에 빗대어 놀린 적이 있습니다. 그랬더니 장자는 왜 사람의 입장에서만 나무의 쓸모를 따지느냐고 반문하며 나무가 있기 때문에 벌판에서 자유롭게 노닐 수 있고 나무 그늘 아래서 쉴 수 있다는 것을 모르는 혜시가 오히려 딱한 사람이라고 응수합니다. 자기중심적인 시각에서 벗어나 보다 넓고 깊게 자기 자신과 주변 세상을 바라보아야 함을 말하고 있지요.

이러한 내용을 바탕으로 장자가 말한 다음의 글에 대한 자신의 생각을 말해 보세요.

> 사람은 습한 데서 자면 요통 때문에 죽기까지 하지만 미꾸라지도 그러한가?
> 사람은 높은 나무 위에서 벌벌 떨지만 원숭이도 그러한가? 사람, 미꾸라지, 원숭이, 이 셋 중에서 어느 쪽이 올바른 거처를 알고 있는 것일까? 사람은 고기를 먹고, 순록은 풀을 먹으며, 지네는 뱀을 먹기 좋아하고, 부엉이와 까마귀는 쥐를 맛있게 먹으니, 이들 중 어느 쪽이 진짜 맛을 알고 있다 해야 하는가?
> 모장과 여희는 미인으로 소문나 있지만, 물고기는 이들을 보고 숨어 들어가고, 새는 날아가 버리며, 순록은 달아나 버린다. ─〈장자〉, 〈제물론〉 중에서

02 (가)는 선우가 그림의 달인이 되고자 연습하고 있는 모습을 나타내고 있습니다. 우리는 이같이 노력하는 자세를 통해 달인이 될 수 있다고 배웠습니다. (나)에서 허준은 (가)의 선우와 같은 노력으로 달인이 되었습니다. 어떤 분야의 달인이라고 할 수 있을까요? 그리고 그렇게 생각하는 까닭은 무엇인가요?

(가) 어두워질 때까지 선우의 그림 그리기는 계속되었습니다. 창문으로 뉘엿뉘엿 지는 햇살을 받아 할배나무가 방바닥에 자기 모습을 발갛게 드러냈을 때에야 비로소 그리기를 멈추었습니다. 그러고는 할아버지의 얼굴을 그린 그림을 가져와 아래쪽에 붙였습니다. 할아버지의 웃는 얼굴이 할배나무 안에 들어가자 마치 할배나무가 웃고 있는 것처럼 보였습니다.

"형아, 꼭 할아버지 방 같다."

어느 곁엔가 정우가 들어와 방 안에 가득 쌓여 있는 그림과 종이를 보고 있었습니다. 선우는 벌써 한참 전에 밥 먹으라고 부르러 왔던 엄마가 그림에 열중해 있는 자신의 모습을 보고는 조용히 문을 닫고 나갔다는 것도 전혀 알아채지 못했습니다.

−《장자가 들려주는 달인 이야기》 중에서

(나) "놔두십시오. 본래 남의 중병이 내 고뿔만 못하다고 여기는 것이 병자의 심리올시다."

"하도 수고를 끼쳐서 우린 몸둘 바를 모르는 지경인디……."

허준이 티눈이 난 총각에게 일렀다.

"티눈 고치는 건 아주 간단하네. 대추를 가져다 씨를 뽑아 버리고 그 살

만으로 티눈을 싸매 두면 수일 안으로 티눈이 물렁물렁해지는데, 그때 손톱으로 뽑아 버리면 그걸로 낫네."

온갖 자질구레한 병자를 다 보아 주면서 허준의 눈은 자주 하늘로 향했다. 오늘따라 해가 솟아오르는 것이 눈에 보이는 듯했고, 바라볼 적마다 해는 한 뼘씩 한 뼘씩 그 위치를 바꾸고 있었다. 또 애초 30여 명이던 병자들은 이미 반수가 돌아갔다 여기는데도 어디서 다시 나타나는지 그 숫자가 좀체 줄지 않았다.

그러나 허준은 주위에서 간곡히 권하는 점심을 거른 채로도 힘들지 않았다. 배가 고프지도 않았다.

'한 사람이라도 더!'

'달이 뜨기 전에 한 사람이라도 더!'

자기를 이토록 간절히 원하는 사람들이 이 세상에 있다는 것을 발견하고, 허준은 눈에 더욱 총기가 뻗고 몸에 새 기운이 솟는 것을 느꼈다.

－중1-1 국어 〈소설 동의보감〉 중에서

03 (가)의 소잡이 할아버지와 (나)의 은빛이 아버지는 각자의 방식으로 자신의 재능을 발휘하며 살아가고 있습니다. 두 사람의 공통점과 차이점을 말해 보세요.

(가) "아닌 게 아니라 동네 어르신 한 분이 그 광경에 푹 빠져 들어 할아버지가 천한 백정이라는 생각조차 잊어버리고 이렇게 물었지. '어떻게 해서 이런 경지에 이르게 되셨소? 정말 놀랍군그래. 비결이 있으면 일러 주지 않으시겠소?' 그랬더니 할아버지의 대답은 이랬어. '배운 게 이 일이고, 누가 되었든 해야 할 일이니 할 뿐이오. 천한 백정이 무슨 비결이랄 것을 가졌겠소. 다만 한평생 수천 마리의 소를 풀었으니 나름대로 겪어 온 일이 있긴 하지요. 처음에는 소 앞에 서면 거대한 산 앞에 선 것처럼 어디서부터 손을 대야 할지 막막하기만 하여 오로지 소 몸뚱이밖에 보이는 게 없습디다. 한 3년쯤 지나자 소의 겉모습이 아닌 소의 속 안을 들여다볼 수 있게 되었소. 이제는 소를 만날 때 더 이상 눈으로 보지 않고 마음으로 만납니다. 소의 생김새에 대한 지식이나 어떻게 풀어야겠다는 생각은 모두 잊고, 오로지 마음이 가는 대로 칼이 노는 대로 따라갈 뿐이오.'"

– 《장자가 들려주는 달인 이야기》 중에서

(나) 내 친구 은빛이의 아버지는 유명한 도예가이다. 어느 날, 나는 은빛이를 따라 도자기 굽는 가마에 갔었는데, 그 옆의 전시실에는 아름다운 도자기들이 진열되어 있었다. 은빛이는 그 도자기들이 모두 아버지의 작품이라고 자랑을 했다. 나는 은빛이 아버지께 여쭈어 보았다.

"언제부터 도예가가 되겠다고 생각하셨어요?"

나는 은빛이 아버지께서 어렸을 때부터의 꿈이었다고 말씀하실 줄 알았

다. 그러나 대답은 뜻밖이었다.

"내가 도예를 한 지는 겨우 6년밖에 되지 않았단다. 그전에는 회사에 다니면서 물건 파는 일을 했지. 회사를 그만두면서 우연히 이 일을 시작했는데, 나도 깜짝 놀랐단다. 일이 즐거운 것은 말할 것도 없고, 내게 도예를 잘할 수 있는 재능이 있다는 것도 처음 알았기 때문이지. 그래서 비록 늦게 시작했지만 열심히 하고 있고, 무척 행복하단다."

그러면서 은빛이 아버지께서는 이렇게 말씀하셨다.

"사람들은 누구나 자기만의 재능을 가지고 있단다. 그것을 일찍 발견하면 할수록 그만큼 더 행복해지는 거지."

—중학교 1학년 〈도덕〉 중에서

04 (가)와 (나)에서 환경에 대한 공통적인 생각을 서술하고, 그 생각을 바탕으로 환경오염을 극복하기 위해 우리가 할 수 있는 일은 무엇인지 말해 보세요.

(가) "내가 그것을 쓸 줄 몰라서 쓰지 않는 것이 아닙니다. 하지만 기계를 이용해서 거저 되기를 바라는 마음을 한번 가지게 되면 순수한 마음을 영영 잃게 됩니다. 힘들여 가꾸어 고생한 보람을 얻고자 하는 마음을 한번 잃어버리면 다시는 평온한 마음으로 세상을 살아갈 수 없습니다."
오늘날 우리들이 사용하고 있는 기계를 다 강물에 버리거나 기껏 만들어 놓은 댐이나 도로, 공적 자원들을 부수거나 해서 못쓰게 만들자는 말이 아니에요. 설마 여러분들 가운데 이 이야기를 그런 식으로 오해한 사람은 없겠지요? 이 이야기에서 장자는 노력도 하지 않고 거저 되기를 바라는 마음이 자꾸 자라나면 세상이 걷잡을 수 없게 돌아갈 수 있다는 것을 걱정하고 있는 거예요. 오늘날 인류가 부딪힌 환경의 위기가 이러한 우려를 잘 보여 주지요. 반대로 주어진 생명의 원리에 맞게 몸과 마음을 움직여 나가는 사람들은 자연의 흐름에 맞게 살 수 있지요. 아무리 크고 위대한 일도 작은 일부터 시작됩니다.

　　　　　　　　　　　　　– 《장자가 들려주는 달인 이야기》 중에서

(나) **법정 스님 '맑은 가난을 실천해야'**
불교계 원로인 법정 스님이 8월 27일 오전 서울 성북동 길상사에서 열린 하안거 해제 법회에서 청빈한 삶과 생태 윤리를 강조했다. 법정 스님은 '과도한 석유 소비로 인한 배출 가스가 지구 온난화를 가져온다'면서 '날로 심각해져 가는 지구 온난화는 지구가 중병이 들어 신음하면서 내뿜

는 열기'라고 말했다.

스님은 '지구 온난화의 원인을 누구나 다 알고 있지만 개선하려는 노력은 기울이지 않는다'면서 '우리는 맑은 가난, 즉 청빈(淸貧)의 의미를 되새길 필요가 있다' '적은 것으로 넉넉해할 줄 아는 지혜를 터득해야 한다'라고 강조했다. 그는 '맑은 가난이란 많이 갖고자 하는 욕망을 억제하는 것이고 남이 가진 것을 부러워하지 않고 현실에 만족하는 것'이라면서 '무엇을 갖고자 할 때는 먼저 갖지 못한 사람의 처지를 생각할 수 있어야 한다'고 말했다.

－○○신문 2007년 8월 28일

05 (가)의 누나와 (나)의 명하가 품고 있는 궁금증에는 공통점이 있습니다. 그게 무엇인지 설명하고 그에 대한 여러분의 생각을 말해 보세요.

(가) "아, 듣고 보니 정말 그래요. 잠에서 깨면 꿈에 나왔던 사람들 중에 내가 누구였는지 헷갈릴 때가 많아요."

"맞아, 나도 그런 꿈을 꾼 적이 있어. 한번은 꿈에서 내가 우리 엄마가 되어 날 마구 야단치고 있었어!"

"하하, 네가 널 야단치는 기분이 어떻디?"

"혹시 지금 이것도 꿈이 아닐까?"

누나의 의미심장한 발언에 아저씨께선 대견스런 표정을 지으며 말씀하셨습니다.

"역시 예은이는 누나라 한발 더 나가는구나. 예전에 장자라는 사람도 자신이 호랑나비가 되어 꽃밭을 날아다니던 꿈에서 깬 후에 그런 말을 했단다. 자신이 호랑나비가 된 꿈을 꾼 것인지, 호랑나비가 장자 자신이 되는 꿈을 꾸고 있는 것인지 알 수가 없다고. 이 이야기를 호접지몽이라고 하지."

— 《장자가 들려주는 달인 이야기》 중에서

(나) '태안이는 급식을 받을 때 숟가락 젓가락을 꼭 오른손에 모아서 들어. 그런데 왜 지금은 왼손에 들지? 집에 갈 때는 아파트 단지 사이로 가로질러 갔는데, 왜 지금은 큰길가로 갈까? 태안이는 운동장을 지나가다가도 공이 오면 피했는데, 왜 지금은 피하지 않고 발로 찰까? 태안이는 눈을 깜빡이는 버릇이 있었는데, 지금은 그러지 않아. 아, 그러고 보니 입 옆의 작은 점, 그게 보이지 않아!'

태안이에 관해 나름대로 세세하게 알고 있던 명하는 갑자기 입 옆의 점 생각이 나자 무릎을 쳤다.

'그래! 태안이는 태안이가 아닌 거야!'

〈데카르트가 들려주는 의심 이야기〉 중에서

통합형 논술
문제풀이

01 제시문은 사람과 동물을 비교하면서 거처, 맛, 아름다움의 우위를 결정할 객관적인 기준이 없다고 말합니다. 만물은 각기 다르게 살아가며 나름대로의 가치를 지니고 있어서, 어떤 것이 더 좋고 더 나쁜지를 결정할 공통된 기준은 없다는 것입니다.

사람이라면 누구나 호감을 가지는 미인이라고 할지라도 동물 입장에선 그저 피해야 할 대상일 수 있습니다. 또한 사람에게는 병이 생기게 할 수도 있는 땅속의 습기도 미꾸라지에게는 없어서는 안 되는 것입니다.

아름다움과 추함, 선과 악, 참과 거짓 등에 대한 사람의 인식은 절대적으로 신뢰할 만한 것이 아니라, '상대적인 견해'에 지나지 않을 수 있습니다. 따라서 자신의 생각만을 고집하거나 인간 중심의 사고방식으로 동물이나 자연 환경을 대수롭지 않게 대하는 태도는 옳지 않습니다. 자기중심적인 시각에서 벗어나 보다 넓고 깊게 자기 자신과 주변 세상을 바라보는 것이야말로 바람직한 자세입니다.

02 (나)에서 허준은 의술의 달인이라고 할 수 있습니다. 병을 고치기 위해 많은 사람들이 허준을 찾고 있는 것으로 보아 그는 유명하고 능력 있는 의사라는 것을 알 수 있습니다. 그러나 무엇보다 허준을 의술의 달인이라고 칭송할 수 있는 이유는 다른 곳에 있습니다. 바로 환자들을 생각하는 마음입니다. 허준은 자신의 직업을 돈벌이 수단으로 생각하지 않습니다. 자신의 능력을 필요로 하는 사람들이 많이 있음을 안 허준은 그 사람들의 병을 고치기 위해 순수한 열정으로 환자들에게 다가갑니다. 어떤 분야의 진정한 달인은 자신의 훌륭한 실력만을 내세우지 않습니다. 깨끗한 마음가짐과 끊임없는 노력은 물론 다른 사람을 먼저 생각하고 도와주는 허준이야말로 진정한 의술의 달인입니다.

03 마음의 본성을 따르는 것은 바로 만물의 원리인 도를 따르는 것입니다. 이러한 관점에서 볼 때 소잡이 할아버지와 은빛이 아버지의 삶의 방식에는 비슷한 측면이 있습니다. 소잡이 할아버지는 자신

에게 주어진 일을 받아들이고 묵묵히 노력하여 소잡이의 달인이 되었습니다. 은빛이 아버지도 '자신이 원하는' 것이 도예임을 깨닫고 그 길을 택해, 그 분야에서 달인이 되기 위해 꾸준히 노력하고 있는 중입니다.

(가)의 소잡이 할아버지는 태어날 때부터 천한 백정 신분이었습니다. 하지만 그런 운명을 받아들이고 자신에게 주어진 일을 묵묵히 하여 달인의 경지에 이르렀습니다. 아무리 천한 신분이라고 해도 세상에 쓸모없는 존재는 없습니다. 모든 만물은 도의 원리에 의해 생겨나고 변화해감으로 풀 한 포기에도 도가 깃들어 있습니다. 할아버지는 자신에게 주어진 상황을 억지로 바꾸려 하지 않고 좌망과 심재의 수련을 통해 소잡이의 달인이 되었습니다.

(나)의 은빛이 아버지는 본래 하던 일을 그만두고 도예를 하게 되었습니다. 소잡이 할아버지처럼 자신의 운명을 수용한 것이 아니라 자신이 원하는 직업을 스스로 선택한 것입니다. 즉 소잡이 할아버지는 소극적으로, 은빛이 아버지는 보다 적극적으로 자신의 직업을 택했다고 볼 수 있습니다.

04 (가)와 (나)는 심각하게 오염된 환경을 우리 스스로 개선해야 한다고 주장합니다. 환경오염을 개선하기 위해서 경제와 기술을 발전시켜야 하는 것은 아닙니다. 우리의 생활을 자연이 돌아가는 원리에 맞추고, 욕심 부리지 않으며 자연의 흐름 속에 우리를 맡길 수 있어야 합니다.

환경오염을 극복하기 위한 실천은 어려운 것이 아닙니다. 소풍갈 때 일회용 도시락을 사용하지 않고 조금 귀찮더라도 평소 쓰던 가정용 도시락을 사용합니다. 그리고 음식물 쓰레기를 줄이기 위해 내가 먹을 수 있는 음식량만 덜어서 먹고 욕심내지 않습니다. 또 부모님과 함께 등산할 때는 산속에 쓰레기를 함부로 버리지 않고 계곡 물을 더럽히지 않습니다. 생각해 보면 우리가 환경을 위해 실천할 수 있는 일은 이밖에도 많이 있습니다.

비록 지금 우리가 할 수 있는 일이 이처럼 작은 일인지 모르지만 우리의 그런 작은 행동들이 모여 큰 성과를 이룰 수 있습니다. 환경오염을 극복하는 일은 어렵고 귀찮은 것이 아니라 우리가 살아갈 이 땅을 위해 꼭 필요한 실천입니다.

05 (가)의 누나는 꿈 이야기를 하는 자리에서 '혹시 지금 이것도 꿈이 아닐까?' 라고 말하며 자신이 살고 있는 지금의 현실 세계가 진짜인지 가짜인지를 의심하고 있습니다. 또 (나)의 명하는 이전의 태안이와 지금의 태안이의 행동, 외모 등을 비교하면서 지금의 태안이가 진짜인지 가짜인지 의심하고 있습니다. 즉 누나와 명하 모두 '지금 내가 겪고 있는 것이 지금껏 진짜라고 생각해 온 것이 맞을까' 하며 '현실을 의심' 하고 있습니다.

끊임없이 변화하고 있는 이 현실 세계에 대해 의심을 품고 무엇이 진짜인지 가짜인지를 고민하기보다는 이 세계가 진짜이든 가짜이든 어떻게 살아야 바르고 행복하게 살 수 있을까를 고민하는 것이 더 중요합니다. (가)에서처럼 지금 이 현실이 실제인지 꿈인지, 즉 진짜인지 가짜인지는 누구도 알 수 없습니다. 그러므로 어차피 답이 없는 문제로 고민하기보다는 어떻게 해야 올바르고 행복한 삶을 살 수 있으며, 다른 사람들과 함께 좋은 사회를 만들어 나갈 수 있는지를 고민하는 것이 더 생산적이고 바람직할 것입니다.